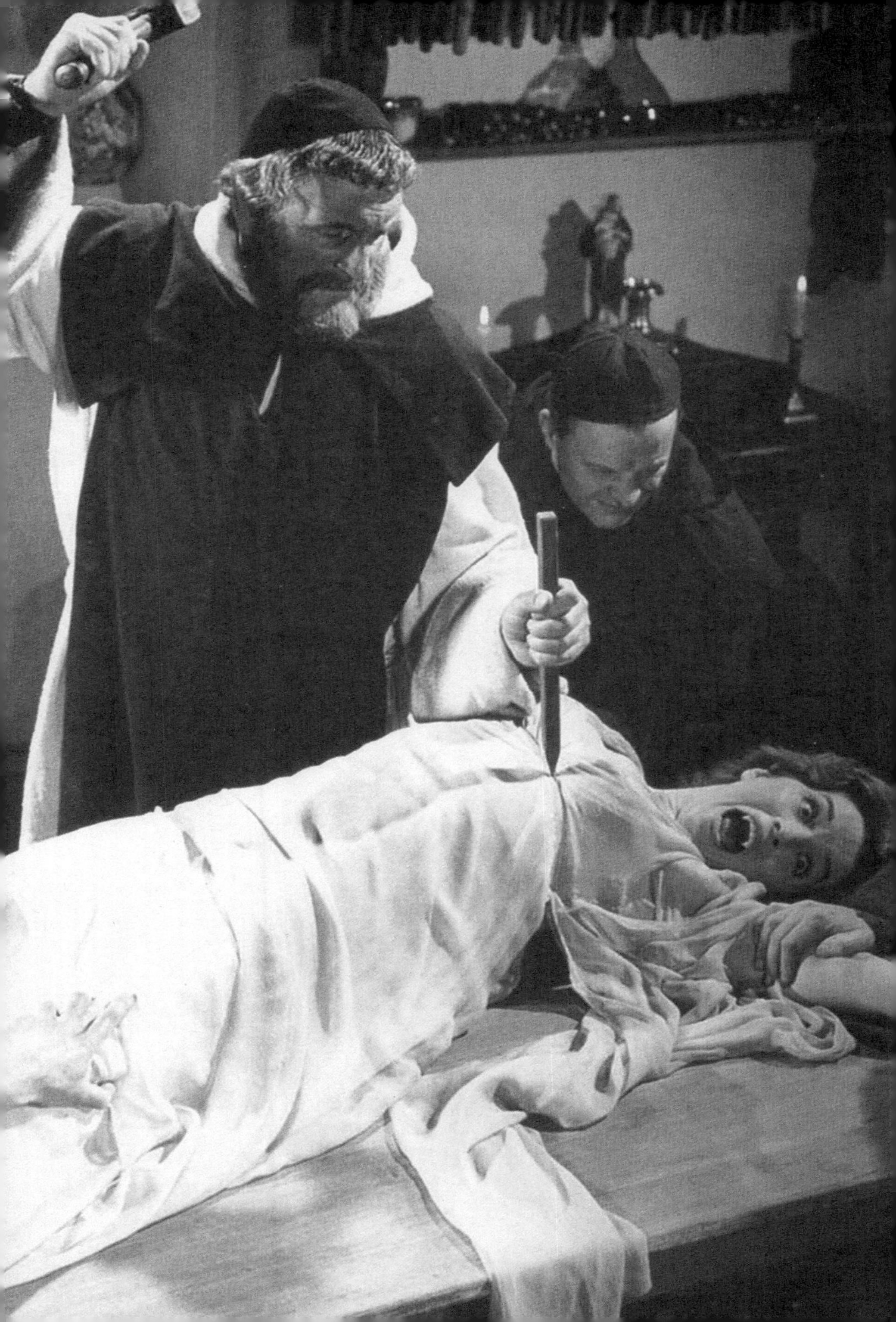

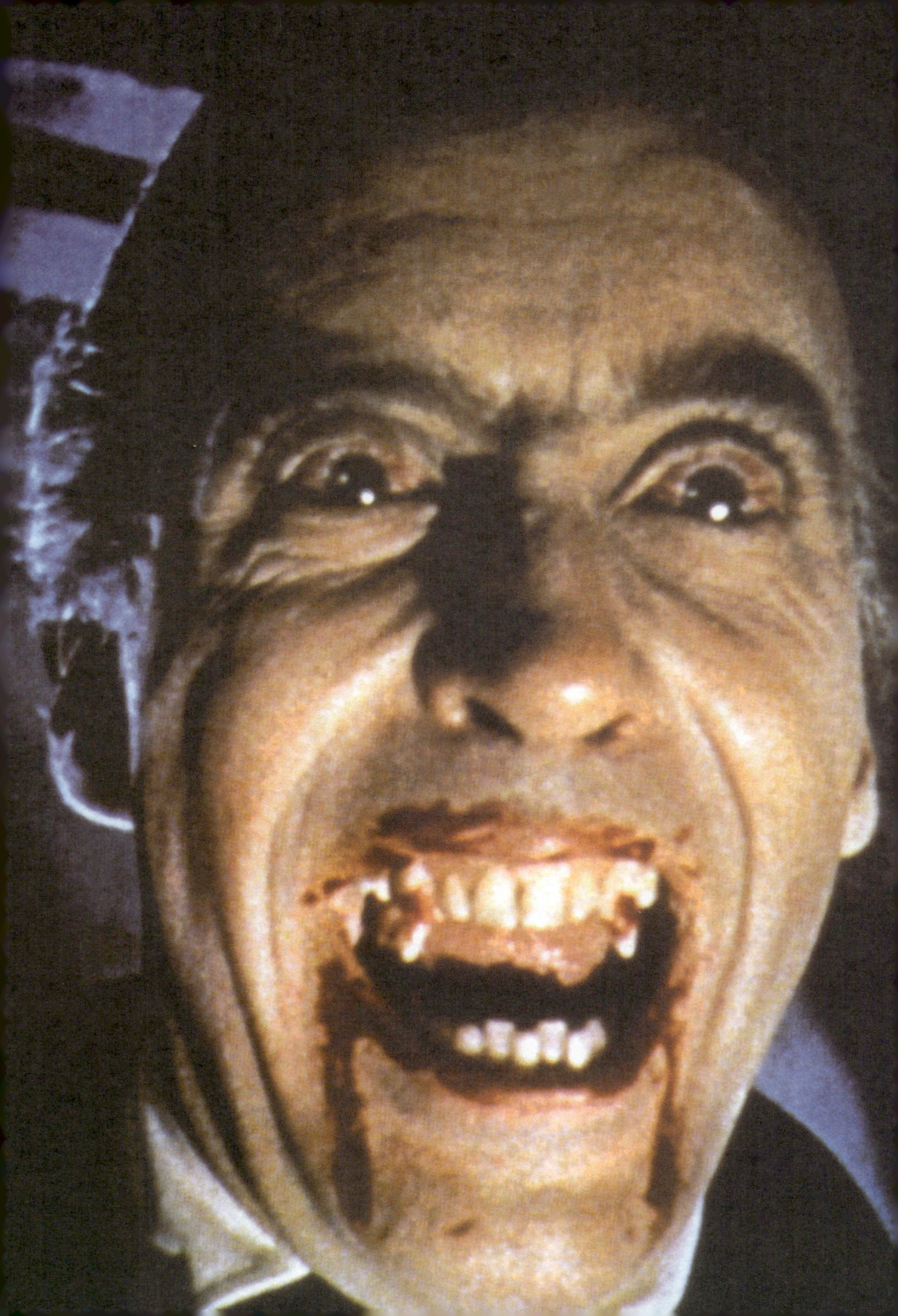

目录

让·马里尼

司汤达-格勒诺布尔第三大学讲授英美文学的名誉教授，建立了“神怪研究和探索小组”。作为研究吸血鬼的专家，他发表的著作中包括《20世纪文学里的吸血鬼》和《吸血鬼的诱惑》。

吴岳添

男，1944年11月6日生于江苏常州。中国社会科学院外文所研究员、博士生导师，曾任中国外国文学学会法国文学分会会长。出版专著《法国小说发展史》、文集《远眺巴黎》和译著《论无边的现实主义》《社会学批评概论》等作品百余种。

吸血鬼

暗夜精灵的苏醒

[法] 让·马里尼 著
吴岳添 译

吉林出版集团股份有限公司 | 全国百佳图书出版单位

出去，我命令他……
您出现在砍掉头颅的法庭上，
在挖出眼睛、把人扼死、毁掉花季少年精液的地方，
在斩断手脚、用石块把人砸死的地方，
在刺入脊椎的木桩使人可怖地哀号的地方……
像您这样的妖魔应该待在喝血狮子的洞窟里。

埃斯库罗斯，《欧墨尼得斯》

第一章
血的情结

自古以来，人类都把牺牲者的血祭献给善神以求得保佑，而为了驱赶鬼怪，他们往往制造出一些青面獠牙的可怕偶像。

血的迷惑力是集体想象出来的

阿兹特克人认为把年轻牺牲者的血当作祭品献给众神，能使土地变得肥沃（右图）。执行死刑时可怕的流血场面，预示着一切违法者的命运。

与其他超自然的夜间精灵相比，吸血鬼的特性在于它是僵尸，必须喝活人的血才能永远生存下去。吸血鬼无疑产生于与血有关的幻想——这种宝贵的液体是生命力的象征，受伤失血就有致命的危险。这种关于血的观念可以追溯到人类的远古时代，这是不会弄错的。第一个确凿的遗迹，是在波斯发现的一只史前的陶罐，上面有一幅画：一个男人和一个想吸他血的魔鬼搏斗。后来巴比伦以吸儿童的血闻名的利利图传说，大概也有几千年了。有些作家认为吸血鬼僵尸的传说产生于公元前6世纪的中国。在地理和年代方面无须进行如此详尽的考证，就可以想到自古以来，人类在想象的世界里布满了喝血的精灵。无论是在中国人、印度人、马来人，还是在波利尼西亚人、阿兹特克人或因纽特人那里都能找到这方面的证据。这些精灵并非因

此就是严格意义上的吸血鬼：吸血鬼是欧洲文明的产物，应该同时到在文化方面构成其文明摇篮的古希腊，以及作为欧洲伦理法典基础的犹太-基督教传统中去寻找吸血鬼的起源。

在希腊神话里，祭献的血是返老还童的灵药。塞内加认为女巫美狄亚就是为了使她所爱的伊阿宋恢复青春而祭献了她的兄弟（下图）。

古希腊罗马神话里的鲜血和死亡

古希腊人在鲜血与冥界之间建立了神秘的联系。在古希腊史诗《奥德赛》第11卷里，奥德修斯用祭献绵羊的血来召唤英雄们的亡灵。占卜者蒂雷西亚斯，接着是他的母亲以及其他死者，在喝了血之后都暂时恢复了生机和活力，与奥德修斯交谈起来。

把鲜血与冥界联系在一起的观念，直到基督教时代之前都是被人接受的。何况古希腊罗马的神话里就有大量看起来像女人在吸血的神祇，例如恩浦萨、拉弥亚和斯特里格。恩浦萨是赫卡忒的侍女，是长着铜脚的恶魔，可以随时化身为漂亮少女去诱惑睡梦中的男人。拉弥亚是埃及王柏洛斯的女儿，她的几个孩子被宙斯嫉妒的妻子赫拉杀死，她为了报仇而变成怪物，吞吃儿童或者吸他们的血。斯特里格是半鸟半人女妖，会到摇篮吸新生儿的血，或者让睡梦中的年轻人元气尽失。

左图是雕刻在公元前5世纪的一块石碑上的拉弥亚，是致命的女人和女吸血鬼的最初形象之一。巫术改变了她令人厌恶的外貌，在她的情人们的眼里成了一个令人销魂的美女，在诱惑他们之后就吸他们的血。在赋予济慈灵感的《阿波利奥尼乌斯·德·蒂亚纳的生平》里，拉弥亚的外形是一条蛇。

所有的拉弥亚、恩浦萨和斯特里格，与现代的吸血鬼完全一样，都是吸睡梦中的受害者的鲜血。但是，这些古代神祇与特兰西瓦尼亚的吸血鬼之间似乎没有直接的联系。不过人们注意到“斯特里格”这个词，与17世纪以来罗马尼亚人用来称呼吸血鬼的“斯特里戈伊”类似。相反的是，与现代吸血鬼不同，拉弥亚、恩浦萨和斯特里格都不是僵尸，而是脱离了躯体的神祇，

阿卡迪亚的国王李卡翁可以被视为吸血鬼的表亲狼人的原型。在一次宴会上，李卡翁把一个孩子做成菜献给宙斯，宙斯大怒之下把他变成了狼。这个传说令人想起阿卡迪亚的吃人习俗：在宴席上，每个领圣体的人都要吃一块献给宙斯的牺牲者的肉。

斯特里格，有时会与拉弥亚和恩浦萨混淆的半鸟半人女妖，从形态学上来说类似于古代的美人鱼，正如公元前6世纪斯塔诺斯所做的陶罐上装饰的形象一样。（下图）

能够变成人形去诱惑人。在这方面她们预示着基督教时代的女恶魔，她们纠缠睡梦中的青年男子，和他们交欢，使他们精疲力竭后失去活力，甚至死去。

“整个肉体的灵魂，就是它的鲜血”

根据犹太教教士的记载，与拉弥亚相当的利利特，是巴比伦的利利图的前身，在创造夏娃之前是亚当的第一个妻子。利利特被亚当抛弃之后，就变成了一切妖魔鬼怪的女王。与拉弥亚和斯特里格一样，她也吸婴儿的血，会让熟睡的青年男子丧失活力。在希伯来人的眼里，利利特的罪行首先是违反了摩西律法禁止喝活物的血的绝对禁忌：“所以，我对以色列的孩子说：‘无论什么活物的血，你们都不可以吃；

亚伯拉罕准备把名为以撒的儿子祭献给上帝，以撒在“最后关头”被一个天使从刀下救出，标志着上帝谴责用人作为祭品。

因为一切活物的血，就是他的生命，凡吃了血的人，都会受到惩罚。’”（《利未记》，第17章，10至14节）。

希伯来人对血始终怀有一种复杂的情结，同时把它看成是生命和不洁的象征。血有神圣的特征，因为它是肉体的灵魂，而只有上帝才能主宰生死。但血同时又与侵袭人类的厄运有关：亚当的女伴屈服于魔鬼的诱惑而使亚当堕落，女人的月经便被视为不洁的伤口，是上帝对夏娃后裔的惩罚。在希伯来人的传说里，月经是一切厄运的根源：女人在月经期间不得在公共场合露面，因为她的出现会引起灾祸（面包不发酵、酒变酸和谷物歉收），而且无论如何不能行房，因为她不洁净。所以对希伯来人来说，血有一种灾难性的含义，凡是有血的地方必有罪恶。

下图这张护身符被认为用来保护新生儿，防止可怕的女魔利利特到摇篮来吸婴儿的血。

利利特产生于亚述-巴比伦的一个神话，在犹太教的传说中与《创世纪》有关，依据的是《圣经》里的两个故事，把她说成是亚当的第一个妻子。与用亚当的身体制造的夏娃不同，利利特和亚当一样是用泥土捏成的。变成出没于废墟和荒漠的恶鬼之后，她成了所有的拉弥亚和斯特里格的始祖。

基督教恢复血的声誉

《新约》教导我们，耶稣用自己的血拯救人类。在十字架上殉难之前，耶稣与使徒共进最后的晚餐，以等同于面包的葡萄酒作为象征，不言自明地强调他的宝血具有赎罪的价值。《约翰福音》强调血的生殖功效，早期的教皇不得不反对只从字面上来解释最后的晚餐，因为这样有可能促使一些例如用人祭献，或在仪式上吃人的异教仪式死灰复燃。

查理曼大帝从772年起就开始使萨克森人屈服于他的权威，使他们皈依基督教。785年，他颁布了《萨克森异教地区基督徒之权利》的敕令，迫使萨克森人接受洗礼，并且把其中混淆异教

在这幅14世纪初的朴素的木刻画里，可以看到天使们向下面炼狱里正在等待末日审判的灵魂洒宝血。

作为“上帝之子”耶稣牺牲的象征，圣体引起了一些起源于妖术的渎圣仪式，在保罗·乌切罗的这幅描绘亵渎圣体的壁画上可以看到这种情景。

信仰与变体（耶稣的身体和血在圣餐中真实存在）的奥秘，以及大办人肉宴席的人处死。尽管有了这些防范措施和禁令，在中世纪的基督教世界里，血仍然被赋予超自然的能力，而这些能力又得到鬼神学的渲染，由此产生了对吸血鬼的迷信。11世纪，一些巫师和医生认为血有赎罪的功用，同时滥用对圣母玛利亚的崇拜。他们开出的医治百病和延缓衰老的药方，竟然是喝处女纯洁的血。

死后的生命——附体的鬼魂

新柏拉图主义关于死后还有生命的观念，构成了基督教对于吸血鬼迷信的另一种贡献：身体只是物质的躯壳，所以会腐烂，而灵魂却能在另一个世界里继续生存，以等待末日审判的复活。只要忏悔并且特别是在死去之前领受临终圣事，罪人的灵魂就能够得到拯救。因此一切没有接受临终涂油礼或者没有葬入圣地的人，例如自杀者或被开除教籍的人都是注定不会得救的。关于鬼魂和吸血鬼的迷信就由此而来，因

这幅16世纪的耶稣受难像，面部流露出极度痛苦的表情，身体因受刑而瘦弱不堪。

为按照基督教的逻辑，这些人就是“受难的灵魂”，既不属于此生，也不属于来世。鬼魂与吸血鬼的主要区别在于鬼魂是不再有肉体躯壳的幽灵，因而对人无害；而吸血鬼则是附体的鬼魂，是被炼狱里跑出来的灵魂所侵占的躯体。

《圣经》里最能激发想象的预言，除了救世主的降临之外，就是尸体将会复活（左图）的末日审判了。犯罪的人和堕落的天使都将置身于永恒的烈火之中。象征地狱的往往是一个火盆，魔鬼折磨着火盆里的罪人（右页上图是罗马尼亚的东正教圣像）。罪人由魔鬼牵着飞快地堕入地狱（上图）。

吸血的尸体

从11世纪开始流传着一些关于死者的谣言，尸体在坟墓外面被发现，而且完好无损。德·普朗西的《地狱词典》记载了一个事件：1031年，在利摩日召开第二次主教会议上，德·卡里奥主教说他的教区里有个被开除教籍的骑士死去了，尸体几次被人在远离坟墓的地方发现。北欧的萨加等异教传说，与中世纪的基督教结合所产生的吸血僵尸的观念，主要来自冰岛、斯堪的纳维亚诸国和不列颠群岛，是凯尔特人把他们的迷信带到那里去的。从12世纪开始，在英国用拉丁文写的编年史里，例如1193年梅普所写的《法庭琐事》，以及1196年德·纽伯格的《英国国教史》，都找得到最有代表性的例子。这两部著作里有各式各样关于死者的故事，通常都是被开除教籍的，他们每天夜间

这个违反禁令、打开坟墓想再看一眼情人面孔的年轻人，很可能会发现墓里有一个做鬼脸的魔鬼，甚至是一个吸血鬼。至少这幅15世纪的版画是这样表现的（下图）。

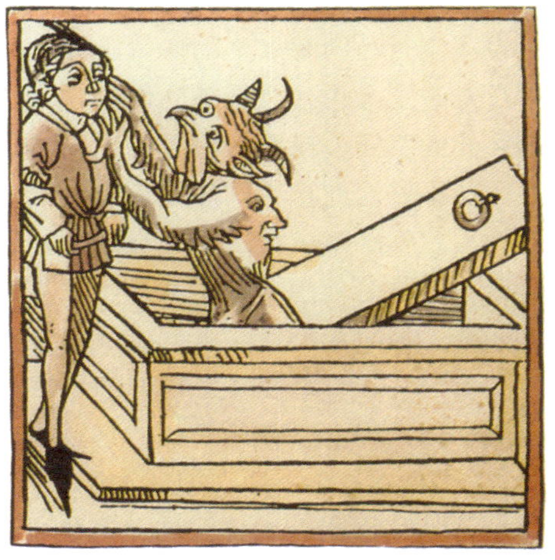

从坟墓里出来纠缠自己的亲人，或者造成一连串离奇的死亡。打开他们的棺木，发现尸体完好无损，而且还沾有血迹，唯一能终结这种妖术的办法，就是用剑刺穿尸体后点火烧掉。英国编年史学家找不到一个专门的术语来形容这类僵尸，便称他们为“吸血的死尸”，其实就是后来所说的吸血鬼。如果说不列颠群岛是最早表现吸血鬼迷信的舞台的话，这种现象直到文艺复兴时期之前还只是断断续续地存在，并未在人们的集体想象中留下深刻持久的印象。

瘟疫与迷信

直到14世纪，吸血鬼迷信才真正传播开来，主要是在东普鲁士、西里西亚和波希米亚。这种现象在此之前只有一种逸事的特征，现在则大为普及，人们看到吸血鬼迷信那耸人听闻的表现，与瘟疫的大规模流行是同时发生的。为了避免传染，病人往往尚未确定是否死亡就被仓促掩埋。几天后打开一个家族的墓穴，会看到一些保存完好但沾有血迹的尸体。不该因此把他们想象成吸血鬼，因为这些不幸的人在临终时可能在棺材里经受了长时间的残酷折磨，在徒劳地想从这个木头监狱里挣扎出来时饱受创伤。后来人们甚至谈到了自我吞食，正如兰福特的名著《在坟墓里随意咀嚼的尸体》（1728）所写的那样。在迷信之风盛行的14世纪，吸血鬼的传说由于瘟疫而广为流行。1343年，普鲁士男爵斯泰诺·德·莱登死于瘟疫，被隆重地安葬在劳恩布鲁

在这幅13世纪的壁画里，这个象征专制的可怕人物必然令人想起魔鬼，也预示着吸血鬼的产生。

在中世纪，带有传染特征的疾病往往被认为是魔鬼的杰作。幸存者最关心的事情是赶快埋葬死者（左图是《图尔内的瘟疫》）。这些被诅咒的尸体很快就引发了对吸血鬼的迷信。

格。然而过了些日子，有几个证人在他的坟墓外面见到了他，于是人们挖开墓地，用剑一下子刺穿了他的尸体，以便使他的灵魂安息。在同时期的波希米亚也报道过大量类似的例子。

上图是吉尔·德·莱斯的官印。他对儿童的残忍可谓史无前例。据罗杰·维尔纳夫的《吉尔·德·莱斯》（1955）记载："他在自己的小教堂里组织童声合唱，用来配合他同时杀害的其他孩子的喘息和呻吟。"

15世纪的两个魔鬼

在14和15世纪，西欧只是零星地受到吸血鬼迷信的影响。不过在法国，1440年的吉尔·德·莱斯案件却轰动一时。他至今仍与吸血鬼的传说联系在一起，主要是因为若·卡·于斯曼的小说《在那边》（1891），把他描绘成一个不折不扣的吸血鬼。

吉尔·德·莱斯（1400—1440）曾是圣女贞德的战友，后来退隐于马什古尔和蒂福日的领地，迷上了炼金术，希望在血里发现点金石的奥秘。这些实验唤醒了他反常的本能，以致把大约300个儿童折磨至死。吉尔·德·莱斯的人格更符合吃人妖魔或者法国童话中杀害六个妻子的蓝胡子的形象，但是他常常被作为历史上的一个“吸血鬼”加以引证。

比吉尔·德·莱斯更能代表吸血鬼的，是瓦拉奇公国的督军弗拉德四世（1431—1476）。他有两个绰号：“特普”（施木桩刑的人）和“德古拉”（魔鬼或龙的别称）。弗拉德曾经打败来自奥斯曼帝国的入侵者，解救了自己的国家，成为罗马尼亚的民族英雄。然而他是个吸血的暴君，为了作乐而把成千上万的人用尖木桩戳死。弗拉德的暴虐行为，为当时的许多编年史提供了丰富的素材，并且被写成一个传奇人物，现在他的名字已经与吸血鬼密不可分。四个世纪之后，他的残忍行为引起了布拉姆·史托克的注意，从中获得的灵感使他创作了《德古拉》这个现代的传说。

冷酷高傲的目光，鹰钩鼻，浓密的小胡子，“特普”弗拉德（上图）年轻时很像四个世纪以后布拉姆·史托克的小说里所描绘的德古拉伯爵。他喜爱的刑具尖木桩，当时常被战胜者用来对付他们的敌人，就像左边版画里描绘的被土耳其人处死的匈牙利人一样。

有关弗拉德的血腥酷刑的记载，主要见于15世纪用德文写的编年史："即使是历史上最嗜血的古罗马暴君，比如赫罗德一世、尼禄和戴克里先，也没有如此残酷和难以计数的刑罚。"弗拉德最喜欢用的酷刑是尖木桩，受害者事先已被分尸。

1484年，意大利教皇英诺森八世
批准出版《巫术之秘》。
编写此书的是多明我会的两个修士：
雅各布·斯普朗瑞和亨利希·克拉默。
他们进行了关于与熟睡男人性交的女恶魔、
奸污熟睡妇女的梦魔以及鬼魂的调查。
教皇的批准犹如晴天霹雳：
教会正式承认了僵尸的存在，
各种妖魔鬼怪很快就应运而生。

第二章
被圣祝的吸血鬼

无论形状如何，死神的车子都是一部战争机器，一部用于摧毁的机器。它用轮子，甚至只用致命的影子，就把许许多多各种年龄和身份的人压死了。

菲利普·阿里埃斯
《面对死神的人》
1980年

僵尸——撒旦的帮凶

16世纪下半叶，轮到宗教改革运动来证实发展中的吸血鬼迷信了。这个时期的人们相信，瘟疫流行时期曾在棺木中自我吞食的死者，现在具有通过妖术使远方的活人死去的能力。有些人甚至声称听到过死人在坟墓里咀嚼的声音。马丁·路德本人就曾听格奥尔格·罗赫雷牧师讲过一件这样的事情，从1552年开始，在普鲁士和西里西亚兴起了一种习俗：在死者嘴里放一个石块或一枚硬币，以防止死者咀嚼。居民们称其为“最初的吸血鬼”，这个德文单词可以译成“捕食者”或者“寄生者”。在瑞士，加尔文和路易·拉瓦特等宗教改革运动的神学家，驳斥了炼狱里有灵魂的观点，但是只能用巫术来解释死人何以会复活。1581年，在一部关于夜

下面两幅图画描绘了流血的场面：尸体在面对杀害自己的凶手时，伤口会流出血来。在莎士比亚的《理查三世》中，凶手格鲁塞斯特，即后来杀害国王的理查三世，就是这样被揭发出来的。

德国画家汉斯·巴尔东·格里安以他的《万物虚空画》，即表现与半腐烂的尸体搏斗的美少女的绘画或版画著称。画的主题显然是在强调使身体腐烂的死亡不可抗拒，青春和美貌在它面前都是昙花一现。相反，他的另一幅画《骑士、少女和死神》（左图）却鲜为人知，少女与死神的绝望搏斗，这次被描绘成是由勇敢的骑士挑起的，因为他试图使心爱的少女摆脱悲惨的命运。

英国议会于1604年通过一项法令，加强对巫术的镇压。在詹姆斯一世王朝的前12年，有数百名女巫或者被判定是女巫的人，被判处在柴堆上烧死。

间幽灵和鬼魂的论著中，拉瓦特提出了假设：鬼魂不是死人的灵魂，而是变成死人模样的魔鬼。对神秘学颇有研究的苏格兰国王詹姆斯六世，也就是后来的英国国王詹姆斯一世，在1597年发表的论著《魔鬼学》中也采用了这个观点。之后僵尸被认定是魔鬼的帮凶，从此以后在欧洲文化中占有一席之地。它只需要再征服欧洲的东部就够了。

血腥的伯爵夫人

17世纪初期，正如16世纪法国的吉尔·德·莱斯案件一样，在非常迷信的匈牙利发生了一件骇人听闻的事情，那就是1611年埃尔塞贝·巴托里伯爵夫人的诉讼案。伯爵夫人的塞伊特城堡位于一座丘陵顶上，靠近喀尔巴阡山的匈牙利山区。她被控劫持了住在城堡附近村庄里的少女，并且把这些可怜的女孩当成屠宰场里的动物那样放血。据当时的编年史记载，受害者有80～300人，实际上很可能非常接近300人，正如吉尔·德·莱斯和"特普"弗拉德的例子那样，看不出这个案件有任何超自然的现象：没有人断定巴托里伯爵夫人是一具僵尸。但是所有的编年史都有记述，说伯爵夫人在喝受害者的血时非常快乐，甚至把血装满浴盆，用来沐浴，以尽可能长久地保持自己的

"魔鬼们已经进入了她的身体，她黑色的大眼睛将它们隐藏在阴暗的深处，她的面容因它们古老的毒素而变得苍白，嘴巴像一条游移的小蛇般扭曲，执拗地高耸的前额，而下巴有一条无力的曲线，意味着神智错乱或者特殊的罪行。"

瓦雷里·彭罗斯
《血腥的伯爵夫人》

青春和美貌。

这个悲惨的故事开始的时候，埃尔塞贝是费朗茨·纳达斯第伯爵遗弃的妻子，伯爵向来以勇敢无畏而著称，总是丢下她在外征战。埃尔塞贝闲得无聊，在灵魂将下地狱的仆人托尔科的怂恿下学会了妖术，开始劫持和折磨一些农家少女。1600年伯爵死去后，埃尔塞贝更是肆无忌惮地胡作非为。帮凶除了托尔科之外，还有她的奶妈伊罗娜·尤奥、管家尤哈纳·乌依瓦里，以及一个名叫达尔维拉的女巫。

19世纪画家伊茨万·楚克的这幅画，描绘了埃尔塞贝·巴托里参与折磨刚刚给她带来的少女的情景。这些刚刚带到她面前的少女被毒打、针刺，绑在身上的绳子嵌进了肉里，然后赤身裸体地在雪地上滚来滚去。

埃尔塞贝·巴托里成为传奇人物

十年之内，数十名少女被锁在城堡的囚室里，受尽了各种各样的酷刑后被放血至死。当地少妇失踪人数之多，引起了流言蜚语。为了查个水落石出，1610年12月30日，伯爵夫人的表兄图尔索伯爵，率领一队士兵和骑士包围了城堡，这时里面还在进行着血腥的杀戮。除了少妇的尸体之外，地牢里还发现了一些仍然活着

匈牙利塞伊特城堡的废墟，曾是巴托里伯爵夫人的住所。

的女囚，有些人的身上留下了无数针孔，另一些人尚未受刑，是留着备用的。

伯爵夫人由于与王室沾亲带故而幸免一死，但是被终身监禁在自己的房间里，窗户和门都被堵死了，只留下送饭菜的小孔。她的共犯一律处以极刑。伯爵夫人死后，城堡也随之荒芜，世世代代受人诅咒。

巴托里案件在匈牙利引起了种种流言和传说，说伯爵夫人死后仍然沉溺于血腥的罪行，因而变成了一个名副其实的吸血鬼。无论如何，这个人物都是史托克笔下的德古拉的来源之一。堪与德古拉相匹敌的

塞伊特城堡里发生过许多暴行，所以在恶魔般的伯爵夫人死后就荒废了。它体现了“哥特式”城堡的一切特点。巨大的城墙和阴森的主塔，使它成了布拉姆·史托克那座同样在一个山区里位于山顶的城堡的原型。毫无疑问，巴托里伯爵夫人也是卡蜜拉、德古拉伯爵以及想象文学中的一切贵族吸血鬼的原型。

埃尔塞贝·巴托里，今天仍在影响着各种各样的电影和小说。

吸血鬼迷信蔓延到东欧最偏僻的地区

17世纪是吸血鬼迷信向巴尔干半岛诸国、希腊、奥匈帝国东部和俄罗斯蔓延的过程中最重要的一个时期。中世纪时期的几乎整个西欧，包括英国、法国、西班牙和葡萄牙都流传着僵尸的传闻。到了16世纪，这类现象在西欧日益罕见，但是在东欧反而兴盛起来。

造成这种差异的原因有好几个，首先是社会学方面的：16世纪末、17世纪，东欧各国人民生活贫困，交通不便，山区更是如此。文艺复兴时期的重大发现很难传到这些偏远的地区，这里除了城里的市民之外，大多是目不识丁的农民。因此，旅游者讲述的迷信故事，在这些国家里很受欢迎。其次是宗教方面的原因：在信奉天主教的拉丁国家里，例如西班牙和

塔特拉山脉（左页图）是喀尔巴阡山中最高的群山。这座雄伟的山脉几乎无法攀登，它的山坡时而耸立在深邃的冰湖之上，时而覆盖着不能进入的密林，它们形成了一个神奇而可怕的、容易产生迷信的地区。布拉姆·史托克把德古拉的城堡置于类似的背景之中，不过是在特兰西瓦尼亚。

喀尔巴阡山的居民（下图和下一页的左上图）粗暴、迷信、待客冷漠，直到如今还与现代文明隔绝。他们不信任外来人，完整地保持着他们的信仰和传统。今天在罗马尼亚，还能在山区发现一些居民，他们用大蒜瓣编成的环来保护自己，以避开恶魔或吸血鬼。

变狼妄想症的流行早于吸血鬼迷信，原因之一是狼人（右页上图是17世纪的木版画，下图是卢卡斯・老克拉纳赫的绘画）在死后才变成吸血鬼。

“变化本身也能全部或部分地显示出来：双眼接近凹陷，牙齿变厚、变尖，形成獠牙，指甲变成爪子，毛发变成毛皮，力气大增，嗜血的癖好驱除了其他一切欲望和文化上的禁忌。”

雅克・菲内
《德古拉》的参考书目
1986年

葡萄牙，罗马教廷依靠宗教裁判所，与异端邪说和迷信展开斗争。而在英国这样信仰新教的国家里，在斯图亚特王朝统治的时代，英国圣公会发起了一场前所未有的搜捕女巫的运动。在东方，举行拜占庭仪式的教会对迷信宽容得多，甚至把吸血鬼迷信纳入自己的礼拜仪式中，希腊的“活尸”就是如此。

狼人的传说因某些遗传疾病而更加丰富。它们能引起毛发过多，被称为“巴伐利亚狼人”的佩特鲁·贡萨尔维斯和他的孩子们都深受其苦。下图是巴伐利亚公爵纪尧姆五世献给斐迪南二世的画像，画的是贡萨尔维斯的女儿。

从活尸到吸血鬼

希腊很早就有一种迷信，认为死者能够使自己的尸体不受腐蚀，而且能离开坟墓。希腊人称这些“不死的人”为“vrykolakas”，就是法文中的“活尸”。这些人死后通常都没有埋葬在被圣祝过的土地上，因为他们是自杀者或被开除教籍的人。这些受难的灵魂起初对人无害，只是想离开肉体的躯壳，教会只要取消开除教籍的判决，就能使他们获得安宁。由于对狼人和这些还不叫吸血鬼的僵尸的迷信，活尸的地位从16世纪开始发生了变化。

尊敬的神父蒙塔古·苏梅尔（1880—1948），拥有一块17世纪时用来驱走吸血鬼的护身符（上图是这块护身符的正面和反面）。

从词源上来说，“vrykolakas”这个词来自斯拉夫语，意思是“狼人”。所以，在16世纪的巴尔干半岛诸国和喀尔巴阡山，人们不加区别地用同一个词来指无害的僵尸和危险的狼人。

关于狼人的迷信，认为人能变成狼，则要追溯到中世纪的鬼神学。匈牙利国王，也就是后来的神圣罗马帝国日耳曼王朝的首领西吉斯蒙（1368—1437），在1414年的大公会议上，促使教会正式承认了狼人的存在。在16世纪，这种现象在欧洲的流传如此之广，以至罗马教廷决定进行一次官方的调查。从1520年到17世纪中叶，欧洲大约有三万个变狼妄想症患者，受害最严重的地区是西欧的法国，以及东欧的塞尔维亚、波希米亚和匈牙利。

将近17世纪末，关于狼人死后变成吸血僵尸的流言传播开来，在西里西亚、波希米亚、波兰、匈牙利、摩尔达维亚和俄罗斯，到处都见到了想象中

的吸血鬼。希腊当然也没有漏掉，那里无害的活尸变成了吸血的恶魔。当时还没有吸血鬼这个词，每个国家都用自己特有的词来命名这些可怕的捕食者。这些事件引起的反响是如此强烈，就连西欧国家的各个首都也开始议论纷纷。在法国，深受宫廷赏识的杂志《风雅信使》，在1694年10月为此出版了专刊。

17世纪末，吸血鬼迷信尽管尚未找到确定的名称，但是已经在东欧的所有国家里成为一种集体病态。不过这种巨大的恐慌只是谣传，没有留下官方的记载。要到18世纪初，才有结集成册的文献问世，为这种毫无根据的迷信提供了报告和见证。

彼得·斯图布被指控患有变狼妄想症（下图），于1589年在科隆附近被处死。他先是被痛打一顿，然后被烧红的火钳肢解，再砍去脑袋后用火焚烧。据洛朗·维尔纳夫所说，斯图布一案表明“他像个杀人狂，曾玷污自己的女儿和妹妹，强暴自己的儿子，吞食他的脑浆，和无数已婚的妇女通奸”。他被认定犯有13桩谋杀案，杀害了儿童、牧羊女和孕妇……

在启蒙时代的鼎盛时期，理性获得了胜利，
各种迷信受到沉重打击，
然而吸血鬼迷信却大行其道。
这种现象已经成为一种真正的集体病态，
影响到所有地区，尤其是引起了民政、军事
和宗教的最高当局的关注。

第三章
吸血鬼的黄金时代

瘟疫的传播（左图，在马赛）往往被归结为超自然的原因。在东欧，吸血鬼是罪魁祸首，人们很快就把它与吸血蝙蝠的某些变种联系起来了。

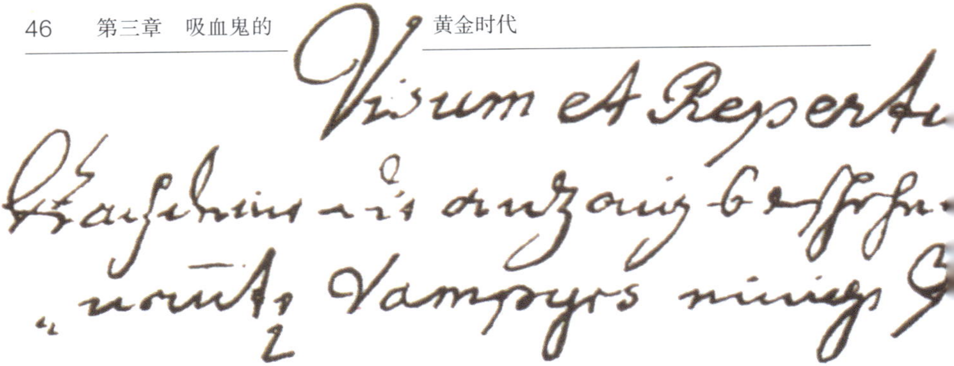

18世纪上半叶吸血鬼迷信迅猛发展

面对到处发生的事件，有关当局不得不采取措施来维持公共秩序。1710年瘟疫流行，东普鲁士深受其害，当局于是对经人告发的吸血鬼迷信的案子进行系统的调查，甚至把一座公墓的坟墓全部打开，以寻找酿成灾难的罪魁祸首——大家都猜想是吸血鬼。因此在奥地利、塞尔维亚、普鲁士、巴黎、摩尔达维亚和俄罗斯等地，街谈巷议的话题全是吸血鬼。其中最耸人听闻的案例有两个：一个是名叫皮埃尔·普罗戈约维奇的匈牙利农民，据说他在1725年死后变成了吸血鬼，在基齐洛瓦这个小村庄里作怪，害得八个人死于非命；另一个也是农民，名叫阿诺德·帕奥勒，1726年他从一辆装干草的大车上跌下来，摔死后也变成了吸血鬼。帕奥勒被控的罪行是造成塞尔维亚的梅德韦亚村的人畜大量死亡。第一个案例有一份用德语写成的官方报告。据在维也纳档案

1720—1723年，马赛流行的瘟疫使许多人丧生。同一时期在塞尔维亚，肆虐的牛瘟也给人带来不幸。一个村庄里如果有几个人死因可疑，村民便将其归咎于一个附体的鬼魂。奥地利占领者对这些迷信感到惊讶，于是让医生进行调查。医生们打开坟墓，将目睹的情况写成报告，由此产生了拉丁文的书稿《见闻与发现》。上图的手稿是弗鲁肯格于1731年12月撰写的，于1732年4月再版，各种刊物纷纷转载和评论，其中《历史与政治信使》也在1736年予以转载。弗鲁肯格的《见闻与发现》把对吸血鬼的恐惧传遍了整个欧洲。

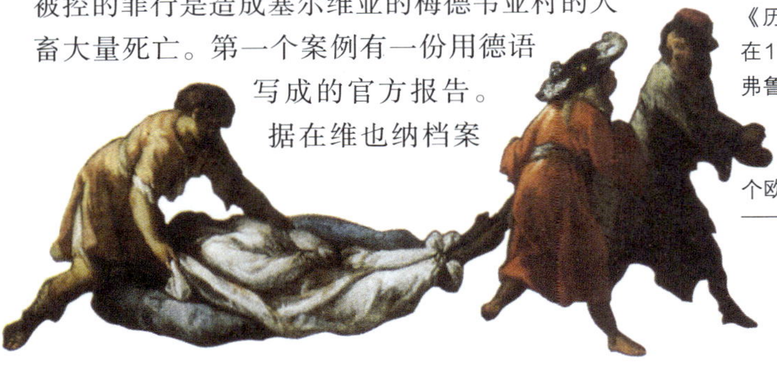

馆里发现这份手稿的安托万·费弗尔教授说，吸血鬼一词在这个报告中是第一次使用，被拼写成了“vanpir”。

阿诺德·帕奥勒这个案例比普罗戈约维奇更引人注目，曾经轰动一时。当局于1731年12月进行了一次官方的调查，由军医弗鲁肯格做笔录，名为《见闻与发现》，后来交给海杜克连队的几位军官以及其他医生后，呈送贝尔格莱德的军事法庭。《见闻与发现》于1732年出版，并多次再版，引起了西欧统治阶层的极大兴趣。奥地利皇帝查理四世十分关注普罗戈约维奇案件的进展情

中欧的游牧民族历来被总称为波希米亚人，他们对于传播和加强吸血鬼迷信很有作用。波希米亚和匈牙利的茨冈人，有许多辨认和制服吸血鬼的方法。尽管如此，当地居民仍然怀疑茨冈人与魔鬼关系密切。

况，路易十五要求黎世留公爵根据调查结果写一份详细的报告。普罗戈约维奇和帕奥勒的案例使整个欧洲大费笔墨。在凡尔赛很受欢迎的由法国与荷兰合办的杂志《拾穗者》，在1732年3月3日这一期里极为详尽地叙述了阿诺德·帕奥勒的案例。吸血鬼这个词，当时拼写成“vampyre”，是第一次在法语中出现。同年3月11日的《伦敦日报》则使吸血鬼这个词进入了英语。

这两个案例和其他类似的案例在西方引发了一系列关于吸血鬼问题的论著和文章的出版，在文艺界和大学里也引起了无数的争议和论战。

1732年3月3日，《拾穗者》刊登的文章引起了如此强烈的反响，以至在3月17日又出了一期专号：“有些人对这种奇事不屑一顾，有些人却深信不疑，把它当作自己的信仰，这两种极端的态度都是错误的，因为这些人对大自然最简单的常识都一无所知。关于吸血鬼的问题要解释清楚，因此，我们不久就会发表一些文章，请一些学识渊博的自然科学家来谈谈他们的见解。”

医生、教士和哲学家的论说

在此之前，关于吸血鬼迷信的所谓证据，主要还是来自口头的传说、代代相传的故事，以及各种流言或纯粹的胡扯。18世纪象征着理性对迷信的胜利，但是有些内容称得上丰富深刻的著作，作者大多是有名的医生和教士，还记载了吸血鬼迷信的种种现象，甚至加以编目和评析。

第一部论著于17世纪末在莱比锡出版，是个名

入土几天之后，棺木里的尸体竟然没有僵硬，而且沾有血迹，由此可以推测，被埋葬的人可能还活着，处于昏迷状态，是有人误以为他死了而将他装进棺材。比利时画家安托万-约瑟夫·维埃尔茨的《草草下葬》画的就是这种情景。

叫菲利普·罗尔的人所写的《死者咀嚼现象的历史和哲学》（1679），他试图把死者在坟墓里咀嚼的现象解释为魔鬼附身。在18世纪，有些人赞同罗尔的超自然的解释，有些人以理性的名义予以驳斥，把这些现象归结为迷信和无知。这部著作在两派之间引起了激烈的论战。

此外，米夏埃尔·兰福特撰写的《在坟墓里随意咀嚼的尸体》，1728年在莱比锡出版后成为名著。兰福特在书中驳斥了罗尔的论点，认为就算死人能够影响活人，但无论如何也不可能在活人面前现出原形，而魔鬼也不可能进入死人的躯体。在阿诺德·帕奥勒案件发生之后出现的大量论著中，有两部应该提及：约翰·克里斯蒂安·斯托克的《论吸血的尸体》，约翰·海因里希·佐普的《论塞尔维亚的吸血鬼》。

启蒙时代有无数博学的人，自然会对魔鬼及其同伙的奇事表示怀疑。上图是卡洛描绘这种奇事的版画。

教会无意中助长了吸血鬼迷信

面对这样一大批“科学”论著，教会不可能保持沉默。当时颇负盛名的一部著作就是出自一位教士之

手，他就是以注解《圣经》闻名的塞农修道院的院长堂·奥古斯丁·卡尔梅（1672—1757）。他的作品名为《论匈牙利、摩拉维亚等地的附体鬼魂、被开除教籍的人、吸血鬼或活尸》，于1746年分成两卷在巴黎出版。卡尔梅院长的本意是要驳斥吸血鬼迷信，在书里列举了大量有关这种迷信的、给人以深刻印象的例子。不过他的著作尽管流于记录逸事，甚至过于天真，却引起了许多历史学家、社会学家和人类学家的极大兴趣。此外，一些在教会里身居要职的教士，在宣传教会观点的时候，也不时提到有关吸血鬼的种种传闻。吉乌塞佩·达旺扎蒂是意大利佛罗伦萨的大

堂·奥古斯丁·卡尔梅（下图）在他著名的论著里，表示要使吸血鬼迷信这个争论不休的问题真相大白。

主教和亚历山大城的早期主教，写过《论吸血鬼》（那不勒斯，1774），尤其是教皇本笃十四世，原名普罗斯佩罗·朗贝蒂尼，他的卷帙浩繁的《天主赐福和福人列圣》再版时，他在第四卷里用一些篇幅谈到吸血鬼，想以理性来否定它们的存在。

在法国，《百科全书》的作者们对有关吸血鬼的传闻十分恼火。思想家伏尔泰在1787年出版的《哲学辞典》里对此深表愤慨。哲学家卢梭在给巴黎大主教的一封信中抨击了吸血鬼迷信。启蒙运动正值高潮，吸血鬼迷信居然还蔓延开来，使他们二人感到不可思议。

西方关于吸血鬼迷信的论著的功绩在于，一方面使这种过去只是某些旅行者或外交官的道听途说

“作为大主教，主要应该由您来铲除这些迷信。在调查它们的来源时，您会发现可能有些教士在散布流言，以便让民众支付请他们驱魔和做弥撒的费用……这类可能渎职的人，我特别建议您应该立即停止他们的职务，并请您相信，在这类事件中，活着的人才是真正犯错的人。”

本笃十四世
致莱奥波德大主教的信
1756年

变得广为人知，另一方面使所有人都接受了吸血鬼这个名称。从前有各种表示“附体的鬼魂”或吸血者的字眼。吸血鬼一词有“vampyr”“vampyre”“wampire”等各种不同的拼法，在拉丁文里则是“vampirus”。从1732年开始，也就是阿诺德·帕奥勒案件发生以后，吸血鬼就被作为约定俗成的词来使用了。

吸血鬼的主要特征

从18世纪开始，吸血鬼终于汇聚了显示其

“甚至在这个被耶稣会会士们指控为毫无信仰的阿尔让的《犹太人信札》里，你们也能看到一些吸血鬼的故事。这应该看成是他们征服了匈牙利吸血鬼的历史，他们在感谢上帝和圣母终于使可怜的阿尔让改宗。所以他们说，这个以不信神著称的人，敢于怀疑天使向圣母显灵，星星引导三博士，鬼怪附体者痊愈，2000头猪淹死在湖里，满月时日食，死去的人复活后在圣城耶路撒冷漫步，他的心灵软弱，他的头脑清醒，他相信吸血鬼。”

伏尔泰

《哲学辞典》

1764年

翼手类的“无尾双羽蝠”“圆形带状蝠”只生存在热带和亚热带的美洲地区，袭击牛群，偶尔也伤害熟睡中的人。这些蝙蝠每天只能吸10毫升的血，但是人若是被咬就有生命危险，因为它们的唾液中含有抗凝血的成分，而且能传播瘟疫之类的流行病。欧洲的蝙蝠尽管对人无害，也仍然令人恐惧、惹人讨厌，在罗马尼亚，它往往被联想成外表同样可怕的吸血鬼。

特性的三个特征：吸血鬼是一个“附体的鬼魂”而不是在空中游荡的幽灵；它在夜间从坟墓里出来吸活人的血，以便延续还魂后的生命；最后是它的受害者们死后也会变成吸血鬼。

传说中的吸血鬼被搬上银幕之后，形象有了少许改变，夸大或简化了某些特征。电影里的吸血鬼在镜子里几乎没有映象，这不是吸血鬼共同的特征。只有在属于日耳曼文化的某些地区，人们相信吸血鬼没有影子，映象和影子都是灵魂的象征，而僵尸是没有灵魂的。此外，银幕上吸血鬼的牙齿又长又尖，这个特征令人想起狼人的獠牙，但似乎是各种各样的虚构小说和电影杜撰出来的。吸血鬼在不像“捕食者”那样远距离置人于死地的时候，通常不咬受害者，而是从皮肤的毛孔中吸血。电影里的蝙蝠必然是吸血鬼的一种变形，原因可能是博物学家布丰在1761年把拉丁美洲的一些吸牛血的翼手类动物（又称蝙蝠）命名为吸血鬼。实际上，传说中的吸血鬼能够变成蜘蛛或蝴蝶等各种动物，也能变成雾气或麦秆。很多人以为大蒜是对付吸血鬼的灵丹妙药，其实不然，只有在罗马尼亚一带才有这种说法。相反，吸血鬼真的只能在夜间出来，鸡鸣之前必须回到坟墓里去。吸血鬼害怕圣水，因为圣水是生命之源，它也怕圣体和十字架。归根结底，用木桩扎进吸血鬼的心脏是结束它万恶生命的最好办法，不过与电影告诉我们的相反，这一招并非每次都见效。

民间卖大蒜的流动商贩，必然会令人联想到此地可能有吸血鬼——大蒜也许是对付吸血鬼的良药。

如何辨认吸血鬼

从18世纪关于吸血鬼迷信的论著，以及后来19世纪进行的实地调查中，我们大致可以得出这种传说的主要特征。在欧洲不同的国家里也有许多吸血鬼的变种。一般来说，辨认吸血鬼的方法是它埋进坟墓的几个星期里尸体不会变硬和腐烂。另一个特点是它的毛发生长异常，乱蓬蓬的眉毛连成一片，手掌也长出毛来。罗马尼亚的吸血鬼往往有一根长毛的短尾巴，遇到热气就会

变粗，据说有了这条尾巴，吸血鬼就有了超自然的能力。

在吸血鬼迷信广为流行的时候，为了识别罪魁祸首，人们让一匹纯黑或纯白的公马在墓地上驰骋。这匹马从未交尾，驾驭它的人也得是个童男。马会在有吸血鬼的坟墓面前直立起来。坟墓附近的地面上的小洞口也是墓里有吸血鬼的证据，因为吸血鬼会化成雾气从这些洞口里出来。吸血鬼和女人结合后生出来的人，能一眼就认出是吸血鬼。这种人在塞尔维亚叫作“旺比里奇”或“旺比洛维奇”，在波希米亚和匈牙利则叫作“当比莱斯”。

木槌、尖木桩、带耶稣像的十字架、圣餐中的饼（有时也有钳子）都是能够用来有效地驱逐吸血鬼的传统武器。

《德古拉》书中的范·赫尔辛教授随身的药箱里总是带着这些工具。

怎样变成一个吸血鬼?

如果说在理论上每个人死后都能变成吸血鬼的话，某些人要比其他人更有可能，例如被开除教籍的人、自杀者、暴死者、巫师、死产儿，以及去世后没有举行基督教葬礼的人。有些人生来就注定是这种悲惨的命运，例如出生时嘴里有牙齿，或者生来“头上有胎膜”（也就是头顶上覆盖着一块羊膜或胎盘），眼睛的颜色极深或

一旦心脏被尖木桩刺穿，僵尸就立即化为骷髅（左图）。

除了带耶稣像的十字架之外，大蒜的蒜瓣和花最能驱逐吸血鬼，因为它无法忍受大蒜的气味。在许多国家里，大蒜以防妖驱邪的功用著称。普林尼已经记载大蒜能防止蛇咬和发狂，令人惊异的细节是大蒜还有促进血液循环的特性。

相反是很浅的蓝色，长着一头红棕色的头发，像出卖耶稣的使徒犹大，或者身上长红斑。

这些人死后，在装进棺材和埋葬时要加倍小心。在罗马尼亚，当地人用一根钉子钉入死者的额头，把他的身体用针刺穿，或者涂上在圣伊纳爵日里宰杀的猪的油脂。为了防止吸血鬼的灵魂回来附体，要在死人嘴里放一样东西，例如在

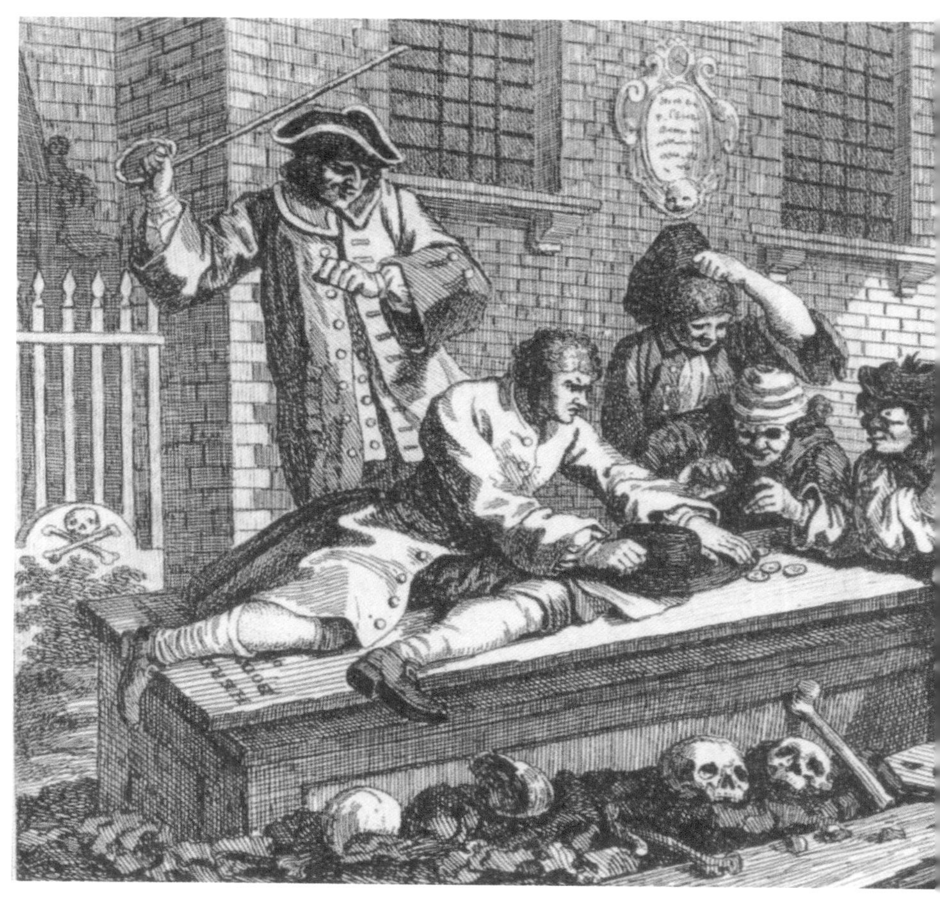

罗马尼亚是放一瓣蒜，在希腊是放一块圣餐的饼，而在萨克森则放一个柠檬。为了不让尸体离开坟墓，要把它钉在棺材的底板上。在苏台德地区，人们把尸体裹在形状像长袜的线袋里：吸血鬼每年只能拆开一个网眼。在俄罗斯，棺木里要放一些罂粟的种子，吸血鬼每天夜里都要数来数去。自杀者和被开除教籍的人，死后总是埋葬在两条路的交叉路口上。塞尔维亚人为了使住宅不遭受吸血鬼的攻击，常常用柏油在门

在信奉基督教的欧洲，吸血鬼迷信常被视为上帝的一种惩罚。不参加敬神仪式，违反教规，在坟墓上玩渎神游戏的人，尤其会遭到这种厄运。

窗上画一个十字架，罗马尼亚人在所有的房间里都挂上大蒜瓣，还用大蒜擦拭门窗、壁炉和锁孔。在俄罗斯，人们把罂粟的种子或者蔷薇的刺撒在所有通向墓地的道路上，这样吸血鬼就不得不把它们一个个地捡起来。

在罗马尼亚，宗教仍然是防止恶鬼的最有效的方式，用木头雕刻的十字架（下图）就是这方面的象征。

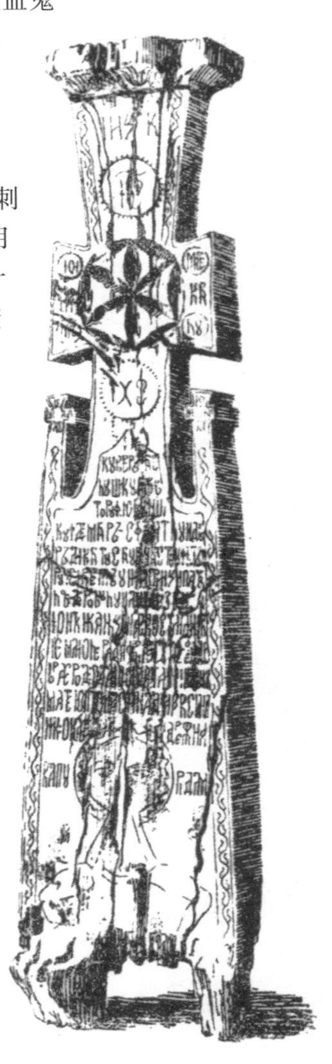

“大修”或吸血鬼之死

为了斩草除根，必须用木桩刺穿吸血鬼的心脏。在俄罗斯是用山杨木，这种木料是用来制作十字架的。其他国家则多半用山楂树木，使人联想起耶稣受难时所戴的荆冠。在达尔马提亚地区和阿尔巴尼亚，用得更多的是一把由牧师祝福过的匕首。

罗马尼亚人把这种仪式称为“大修”，要在拂晓时分进行。主持仪式的人必须用木桩一下刺中心脏，否则吸血鬼可能复活。如果尸体没有化成飞灰，就用掘墓人的铲子砍掉其脑袋，再把尸体烧成灰后随风散扬，要不然就把尸体掩埋在两条道路的交叉路口。

一种迷信的结束？

18世纪末，在大学和文学沙龙里，尤其是在德国和法国，吸血鬼迷信成了

Blood
THE POORS BOX

主要的话题之一。不过，在这个世纪的前30年使人伤脑筋的超自然现象，现在却变得罕见了。实证主义观点在欧洲最偏僻的地区也逐渐普及开来。瘟疫大流行的时代过去以后，吸血鬼迷信也不可避免地随之衰落。19世纪仍有关于吸血鬼的记载，但是已经不如以往那样引人注目。欧洲工业化之后，人们的生活方式逐渐改变，旧时的迷信都渐渐消失，然而在喀尔巴阡山一带，吸血鬼迷信今天依然存在。

在18世纪初对吸血鬼的存在争论不休之后，学者、哲学家和教会人士都以逻辑和常理的名义谴责这种迷信。

启蒙运动的理性思想战胜了传说中的吸血鬼，但未能把它从人们的想象中驱逐出去。相反，为了反对无处不在的唯物实证主义，表达对神奇美妙的往昔的怀念，浪漫主义文学运动很快就使吸血鬼死灰复燃。早在1748年，有个叫奥森菲尔德的德国人就写了一首短诗，预示吸血鬼即将通过文学而复活。

无论是天主教还是新教，启蒙时代的教会仍然肯定上帝与魔鬼共存、死人能够复活，但是摒弃了对幽灵和吸血鬼的迷信。霍格思的著名版画不是嘲笑这样一种宗教，而是鞭笞了某些过分虔诚的人的轻信、狂热和迷信。

人一旦抛弃了对过去的迷信就会产生幻想。18世纪末，当人们不再相信吸血鬼的时候，它却启迪了文学和绘画艺术。德方侯爵夫人说她不相信幽灵，但仍然对它们感到恐惧。人们对吸血鬼也同样如此。从1793年开始，戈雅开始创作《奇思异想》系列，画面上布满吓人的鬼怪。不过它们并非客观的存在，而是存在于我们自身，潜伏在我们的意识深处。一旦我们合乎逻辑的智慧沉睡时，鬼怪就从里面跑了出来，由此产生了左图《理性沉睡，妖魔横行》的传说。在现代人看来，吸血鬼的可怕之处不是由于它们的存在，而是因为它们反映了人类内心最隐秘的恐惧和欲望。

“在我面前站着一个高大的老人，
他刚修过面，只留下两撮白色的小胡子。
从头到脚一身黑，没有其他颜色。”
1897年，布拉姆·史托克的作品使吸血鬼重新获得了活力。
进入文学领域之后的德古拉，
体现在想象与现实的双重舞台上，
它们之间的界限往往是模糊不清的。

第四章
吸血鬼的复活

噩梦中的两个象征性的形象。在左页图里，瑞士画家约翰·海因里希·菲斯利把它表现为可怕的动物，监视着入睡的美人。右图是面目可憎的吸血鬼，印在《德古拉》的第一版法文译本的封面上。

布拉姆·史托克的小说纯属维多利亚时代社会的产物，它催生了一种真正的现代传说，以某种方式持久地复活了吸血鬼迷信的传奇内容，同时深刻地改变了它的意义。然而，应该强调德古拉并非突然出自某一单独个体的偶然想象，而是启蒙时代末期开始出现的一种文学传统的必然结果。

科尔布鲁克达勒矿区及其矿工的凄凉景象，体现了工业革命造成的社会动荡结束后，19世纪初期的英国发展到顶点时，变得艰苦和信奉实利主义的特征。

理性思想的胜利

从18世纪下半叶开始，工业革命逐渐改变了欧洲的面貌，这个新世界里不再有巫婆、魔鬼和鬼魂。吸血鬼虽然源自人类的远古时代，却是欧洲人想象出来的新奇事物。在启蒙时代初期，乡村式的、由迷信的农民居住的欧洲，吸血鬼迷信体现了人

类祖先的一切恐惧。经过18世纪百科全书的分析、解释乃至嘲讽，它确实应该消失并成为博物馆里的一件陈列品。实际上，从18世纪下半叶开始，科技进步造成的奇迹令人赞叹不已，报刊已不大谈论吸血鬼了。

19世纪初，报刊上还不时提到匈牙利或塞尔维亚的一些村庄，那里的人还是在打开坟墓寻找吸血鬼，但是读者对这些话题已经不感兴趣，随着冶金术、铁路和煤气照明等新事物一一到来，他们的生活方式发生了翻天覆地的变化。

工业革命迅速改变了欧洲的面貌。在英国、法国和德国即将诞生的新型社会里，既不再有迷信，也没有对未来的梦想。实证主义的科学获得胜利，从事工商业的资产阶级所形成的意识形态占据主导地位，它以劳动、营利、对等级的尊重和宗教为基础，是社会秩序的支柱。19世纪下半叶维多利亚时代的英国，忠实地呈现了这种社会文化的枷锁：一切偏离礼仪和既定价值的东西都被掩盖起来，甚至受到严厉的压抑。然而，就在这种时代背景下的英国，却诞生了布拉姆·史托克的《德古拉》。

维多利亚时代的英国，生活中充满鲜明的对照。矿工和工人等无产阶级挤在肮脏简陋的小屋里，而“上流社会”举行派对则极尽奢华之能事。弓形窗外有一座私人花园，富商巨贾、高官显贵在窗边的阳光下品茶（左上图）。德古拉伯爵死去的场景，正是在这种气氛当中。

浪漫主义与吸血鬼迷信的复兴

18世纪末的浪漫主义，可以看成是对启蒙时代的实证主义和工业革命的否定。浪漫主义作家在德国延续了“狂飙运动”，而在英国则承袭了“哥特式”小说。他们起来反对当时流行的理性主义与唯物主义，宣扬感情和激情高于冷漠和不讲人情的逻辑，断言个人比

集体重要。最后他们表示怀念过去相信奇迹的时代，宁愿从古代和中世纪而不是从现代世界里汲取灵感。

从19世纪初开始，英国的第二代浪漫主义者就对超自然现象表现出浓厚的兴趣，并且用诗歌再现了吸血鬼的传说。当然，这种吸血鬼迷信很有寓意，也是对上一代德国作家的出色典范的模仿，即毕尔格的《莱诺勒》（1793）和歌德的《科林斯的未婚妻》（1797），把死神表现为来自冥间的少女或少男，人若和他们拥抱就会死去。吸血鬼迷信从此染上了一层宿命的情欲色彩，成为浪漫主义作家喜爱的致命情欲的题材，这就构

当时的英国社会对新的发明非常关心，但又不改变传统中对超自然奇事的兴趣。上图是剧作家兼导演托马斯·罗伯逊利用一架幻灯机放映鬼魂的形象，观众看得毛骨悚然。

成了这个传说的第一个转折，因为堂·卡尔梅笔下的僵尸无论如何都不会勾引妇女，吸血鬼的传说中也没有任何性的意味。受到古代传说和中世纪民谣的影响，浪漫主义诗歌里出现的迷人的吸血鬼，也都是些致命的女人，例如柯尔律治的《克丽斯特贝尔》里的杰拉蒂娜，济慈的《无情的美人》和《拉弥亚》同样是致命女人的表现。对诗人来说，这些女人是否吸人血无关紧要，关键是她们能同时让人体验快乐和死亡，而“受害者”也完全心甘情愿。在吸血鬼与被吸血者之间有一种施虐与被虐的新关系，两个性伙伴之间的这种关系在今天的幻想文学中依然存在。

上图是毕尔格的《莱诺勒》的插图。右图是费里西安·罗普的《最后的罪恶》。

用吸血鬼的特征表现致命的女人，是浪漫主义时期以后仍然延续的一种写作习惯。

1866年，波德莱尔在《吸血鬼的变形》里把这种女人写成堕落的花痴。在散文世界里，致命女人的例子也比比皆是。泰奥菲尔·戈蒂耶的《多情的女尸》（1836）里，有一位迷人的克拉丽蒙德，勒·法努的《卡蜜拉》（1871）里，女主角诱人而神秘。当然，还有德古拉城堡里三名美丽的女俘，使乔纳森·哈克见到她们时也心猿意马。

吸血鬼进入散文世界

吸血鬼如果只出现在诗歌中，也许不会那么受到大众的欢迎。如果不是约翰·威廉·波里道利（1795—1821）作为先驱把吸血鬼引进了散文领域，在中篇小说《吸血鬼》里塑造了主人公吕特温爵士，史托克恐怕永远也构思不出德古拉这个人物来。事情要从1816年7月的日内瓦说起。拜伦和人打赌，要写一部以吸血鬼达维尔为主角的小说。这部小说后来未能完成，但是拜伦把小说的情节告诉了他的秘书兼私人医生波里道利。波里道利憎恨他的雇主，最后与他分道扬镳，并且离开瑞士，于1817年回到了英国。当时波里道利在

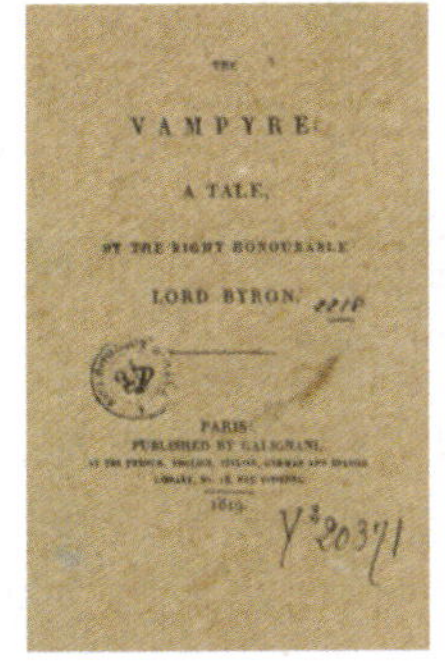

THE

VAMPYRE;

A TALE,

BY THE RIGHT HONOURABLE

LORD BYRON.

PARIS:

PUBLISHED BY GALIGNANI,

1819.

当阴郁的浪漫主义主宰绘画艺术的时候，波里道利（上图）把吸血鬼引进了文学领域。然而从上图的扉页上可以看到，由加里涅尼先后在伦敦和巴黎出版的《吸血鬼》都注明是拜伦的作品。描写吸血鬼的第一部杰作是戈蒂耶的《多情的女尸》，叙述青年教士罗米亚尔与漂亮的女吸血鬼克拉丽蒙德之间不可能实现的爱情（见后面72—75页）。

MOR

LA

AMOUREUSE

拜伦未完成的故事的启发下，开始写一部中篇小说，但是他更换了人物的名字。吸血鬼达维尔变成了吕特温爵士，是个无耻放荡的勾引者，与拜伦本人极为相像。1819年4月，《新月刊》发表了这篇小说，主编私自把小说的作者改成了拜伦。拜伦的盛名使债台高筑的波里道利的情况更加糟糕，很快就被人遗忘。小说则不然，不但再版多次，还被译成法文。诺迪耶和大仲马都曾把这部小说改编成戏剧，时间分别是1820年和1852年。靠着拜伦的名气，波里道利的故事在欧洲掀起了一阵吸血鬼风潮，甚至引起了一连串的抄袭之作。喜欢到格朗吉涅勒剧院看恐怖戏剧的观众为吸血鬼喝彩欢呼。他们涌向圣马丁门剧院，去看1820年初演、1823年重演的诺迪耶的《吸血鬼》。由此影响了其他许多情节剧，甚至通俗剧和喜歌剧。

波里道利的故事在文学领域的吸血鬼历史中占有重要的地位，因为它使大众了解了这个人物，创造了既是控制者又是诱惑者的贵族吸血鬼的传统，而史托克的德古拉则是一个最出色的化身。

诺迪耶改编过波里道利的《吸血鬼》，但今天他以幻想故事闻名于世。下图是1846年出版的《诺迪耶故事集》里的版画，是他有名的故事《斯玛拉或黑夜里的魔鬼》的插图，表现了一个具有斯特里格的特征的噩梦。

大仲马看过诺迪耶的剧本（上面是初版的标题）之后，也写了一出五幕剧《吸血鬼》，于1852年在安比古剧院上演，上图是剧中的一个场景。

恐怖故事大流行

从1850年开始，戏剧和通俗文学里的吸血鬼不再像刚出现时那样时髦了。由于一再重复，以此为题材的作品数量减少，质量也大为下降。在欧洲大部分国家里，大众对吸血鬼已经厌倦，只有维多利亚时代的英国，对幻想和恐怖作品的兴趣日益浓厚。

英国大众迷恋超自然现象和死亡场面由来已久，这是有着悠久历史的民族传统体裁。英伦三岛一向是幽灵之乡，这里的人喜欢令人恐惧的故事。工业革命间接地加强了这种传统。在追求物质享受但虚伪透顶的维多利亚时代，大众认可的价值只有工作、金钱和宗教，幻想作品于是成为理想的逃避方式。在吓人的故事里，事物的秩序受到嘲弄，既定的道德规范也受到质疑，所以，阅读这类故事就成了一种发泄。从1840年开始，一些“廉价惊险小说”的成功便是证明。这些不值钱的杂志没完没了地连载一些恐怖的故事，其中有一部长篇小说《吸血鬼瓦尔内》于1847年结集后匿名出版。

《吸血鬼瓦尔内》由出版商爱德华·洛伊出版，这里是初版的三幅插图。本书是以吸血鬼为题材的小说中最长的一部，有868页，分为220章。许多人认为此书出自两个默默无闻的小说家：托马斯·普雷斯凯特·普雷斯特和詹姆斯·马尔科姆·李默。这是后来强调恐惧和恐怖的吸血鬼故事的原型。这个流浪冒险的故事内容丰富、高潮迭起，从始至终使读者紧张得透不过气来。在体验过各种身份、经历过形形色色的冒险之后，主人公弗朗西斯·瓦尔内对自己漫长的生命感到厌倦，于是跳进了维苏威火山。

卡蜜拉，德古拉的祖先

在19世纪后半叶的几十年里，鬼魂故事在英国社会的各个阶层中流行，连最著名的作家狄更斯和布尔沃-利顿等也写出了相应的作品。当时的社会

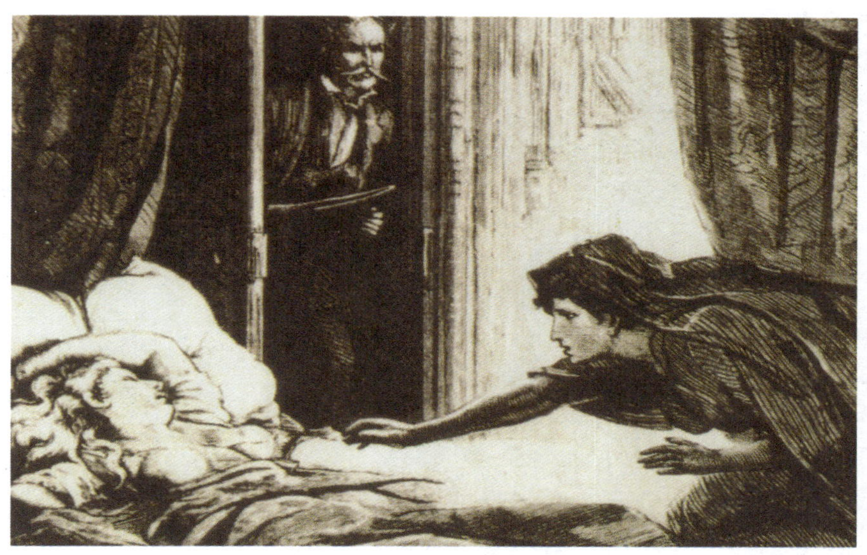

勒·法努冗长的中篇小说是公认的写吸血鬼的杰作。上图是卡蜜拉夜访一个受害者，躲在一旁的斯皮尔斯多夫将军是《德古拉》中范·赫尔辛的原型。他急于用“军事手段”进行干预。与戈蒂耶笔下的克拉丽蒙德相比，卡蜜拉更加淫荡，只选择与她同性的受害者。吸血鬼伯爵夫人和叙述者罗拉之间的暧昧关系，以及梦幻般的故事情节，为《卡蜜拉》带来一种充满幻觉的朦胧气氛。下面两页是爱德华·孟克和博勒斯拉·比埃加画的女吸血鬼。

制度虚伪至极，只要用的是隐语，让既定的道德规范在结局中获胜，那么无论写的是多么可怕、多么淫秽的故事，都可以逃过书刊审查的惩罚。

1871年，就是在这样的氛围中，约瑟夫·谢里登·勒·法努的《卡蜜拉》出版了，它复兴了吸血鬼迷信的重要传统，并且预示着布拉姆·史托克的《德古拉》的到来。这部很长的中篇小说追根溯源，使故事情节在施蒂利亚展开，那里是吸血鬼出没的地方。小说的主要人物是米拉卡·冯·卡恩斯坦伯爵夫人，又名卡蜜拉，显然是巴托里伯爵夫人的化身。勒·法努巧妙地利用了吸血鬼迷信中性的因素，把女主角描绘成一个淫荡的女人，在维多利亚时代的道德观中是罪大恶极的写照。故事结束，罪恶终于在上帝的力量下溃退，所以具有教育意义。但是女吸血鬼与女“受害者”之间的关系暧昧不清，而同性恋在英国是一种罪行，因此这个故事同时也有引诱人犯罪的嫌疑。

勒·法努就这样在尊重官方道德规范的同时，也

满足了读者们脱离常规的趣味。后来布拉姆·史托克就是从中获益的。

1847年11月8日，布拉姆·史托克（右上图）生于都柏林附近的克隆塔夫。父亲希望他成为职员，但是在1876年，他遇见了杰出的演员亨利·艾尔文（左上图），并由此改变了他一生的轨迹。1878年，刚刚结婚的史托克被艾尔文雇用担任莱森剧院的舞台总监，于是定居伦敦。剧院在1903年破产，接着艾尔文去世，史托克的晚年甚为凄凉，于1912年病逝。

《德古拉》——19世纪吸血鬼的顶峰

1897年出版的《德古拉》，在用文学表现吸血鬼迷信的历程中确实是个转折点。这部小说复兴了18世纪一度流行的“哥特式”精神，又使吸血鬼迷信再度出现，为一则流传至今的真正的现代传说奠定了基础。

作者本人也许会为他的作

品的成就感到惊讶，因为布拉姆·史托克不是一位专业作家。作为他的朋友亨利·艾尔文管理的莱森剧院的舞台总监，只把写作当成法国画家安格尔的小提琴那样的业余爱好，只是剧院在1903年破产之后，他才作为全职的小说家来谋生。布拉姆·史托克从小就沉迷于幻想故事，他读过关于吸血鬼迷信的经典名著：《吸血鬼》《吸血鬼瓦尔内》《卡蜜拉》，以及译自德文、于1860年匿名出版的中篇小说《神秘的陌生人》。他后来自己也想写一个吸血鬼的故事，于是参阅了有关吸血鬼迷信的资料，以及特兰西瓦尼亚的传说，尤其仔细阅读了埃米莉·杰拉尔的《在森林那边》。杰拉尔是秘传协会“金色黎明”的成员，学习了神秘学和魔法。此外，在匈牙利布达佩斯大学里教授东方语言的阿尔米尼乌斯·旺贝里，对中欧的历史和民间传说了如指掌，他与史托克的相遇，对小说的产生起到了决定性的作用。旺贝里有一次途经伦敦，向史托克讲述了实有其人的德古拉，也就是“特普”弗拉德的故事。史托克被这个富

“喀尔巴阡山城堡的主人，在许多方面很像莱森剧院的经理，艾尔文以待人苛刻著称，行事专横自私，只为剧院而活着。毫无疑问，他对史托克的为人的影响是一种真正心理上的吸血鬼迷信。”

阿兰·波佐奥里
《魔王布拉姆·史托克》
1989年

史托克写的剧本《德古拉》（下图）只在莱森剧院上演过一次，因为艾尔文不满意，认为它“太可怕了”。

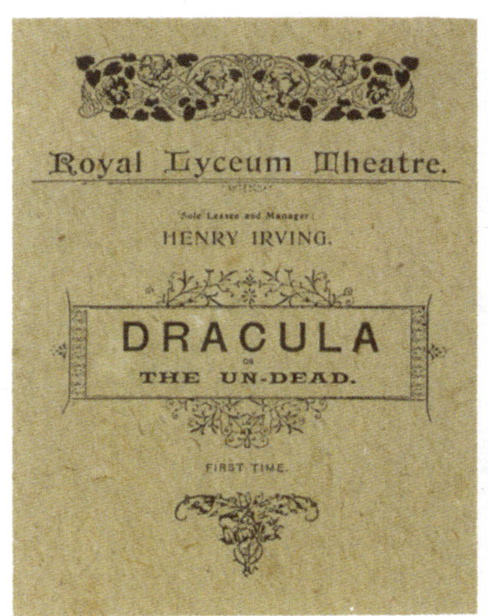

Royal Lyceum Theatre.

Sole Lessee and Manager:
HENRY IRVING.

DRACULA
OR
THE UN-DEAD.

FIRST TIME.

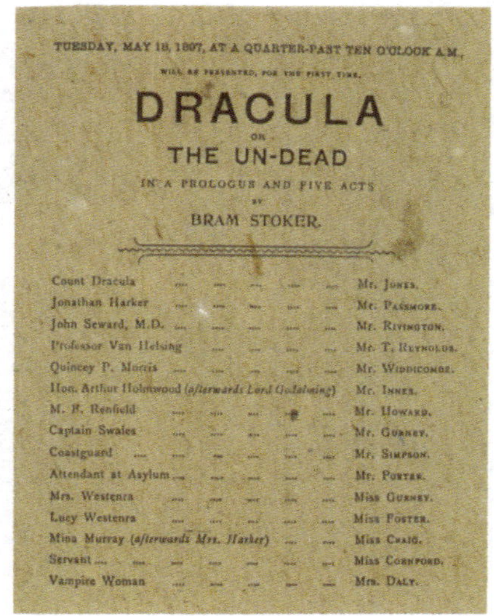

TUESDAY, MAY 18, 1897, AT A QUARTER-PAST TEN O'CLOCK A.M.,
WILL BE PRESENTED, FOR THE FIRST TIME,

DRACULA
OR
THE UN-DEAD
IN A PROLOGUE AND FIVE ACTS
BY
BRAM STOKER.

Count Dracula ... ... Mr. Jones.
Jonathan Harker ... ... Mr. Passmore.
John Seward, M.D. ... ... Mr. Rivington.
Professor Van Helsing ... ... Mr. T. Reynolds.
Quincey P. Morris ... ... Mr. Widdicombe.
Hon. Arthur Holmwood (afterwards Lord Godalming) Mr. Innes.
M. R. Renfield ... ... Mr. Howard.
Captain Swales ... ... Mr. Gurney.
Coastguard ... ... Mr. Simpson.
Attendant at Asylum ... ... Mr. Porter.
Mrs. Westenra ... ... Miss Gurney.
Lucy Westenra ... ... Miss Foster.
Mina Murray (afterwards Mrs. Harker) ... ... Miss Craig.
Servant ... ... Miss Cornford.
Vampire Woman ... ... Mrs. Daly.

有异国情调的响亮名字所吸引，决定把它作为小说的主人公的名字。《德古拉》于1897年出版，当时被作者删去的第一章，后来由史托克的遗孀在1914年以短篇小说的形式出版，取名为《德古拉的客人》。其中有个女性人物，就是模仿卡蜜拉的女伯爵多林根·德·格拉茨。

"德古拉缓慢而耐心地成形。但是史托克是个讲究细节的完美主义者，在把他笔下的可怕的夜游者放到人间去之前，他必须尽可能仔细地考证它在历史和地理方面的真实性。"

阿兰·波佐奥里
《魔王布拉姆·史托克》

乔纳森·哈克前往特兰西瓦尼亚

人们主要通过改编的电影来了解这部小说的情节，因此有必要概述一下小说的内容。青年乔纳森·哈克是

公证处的书记员，他奉命前往特兰西瓦尼亚，与一个叫德古拉的伯爵洽谈一桩生意，因为伯爵想购买英国的一处房产。有一天，哈克阅读一部包括信件、日记等内容的小说，发现它像一份档案。哈克由此发现了他的东道主的可怕秘密：德古拉伯爵是一具僵尸，一个在夜间从棺材里爬出来吸人血解渴的吸血鬼。这位勇敢的年轻人跟踪监视他的东道主的罪行，善恶双方展开了一次次对决。一开始恶占据上风，德古拉选中了哈克的未婚妻米娜的朋友露茜，不幸的露茜在血被吸干后死去。但是象征善的哈克扭转颓势，最后与米娜、范·赫尔辛教授，以及美国人昆西·莫里斯等

在史托克的小说里，除了德古拉本人之外，最重要的人物是范·赫尔辛教授。在托德·布朗宁导演的名片里，范·赫尔辛这个角色由爱德华·范·斯隆扮演（图中他正在打开吸血鬼的棺材）。范·赫尔辛是一位受神灵启示、明智可敬的老人，是善的化身，最后战胜了恶势力。这部小说的某些注释者认为，德古拉代表着史托克本人那位专横、强硬的父亲，因此，在范·赫尔辛身上，读者看到的是一个公正仁慈的父亲形象。

德古拉（左图）在夜里杀害露茜，她没有把房间的窗户关好，长翅膀的妖魔监视杀人的情景，看来志得意满，使作为撒旦帮凶的吸血鬼的恶魔本性暴露无遗。

人一起战胜了吸血鬼。莫里斯用匕首刺穿了吸血鬼的心脏，德古拉立即灰飞烟灭，而米娜也得以从魔法中解脱。

史托克的小说采用了新闻体的写作方式，使读者身临其境，看着主人公如何发现恐怖情景，然后与恶进行抗争。《德古拉》是这类小说中唯一的杰作，因为它再现了英国"哥特式"小说的风格，例如，追忆一座部分已成废墟的中世纪城堡，它的埋葬死尸的地下室里隐藏着可怕的秘密。然而，故事发生在19世纪末，小说的部分情节在伦敦展开，而且不断提到医学上的最新发展，特别是伦费埃尔德的病例所涉及的精神病学。这部小说引用可靠的资料，首开幻想文学之先河。史托克曾在大英博物馆的图书馆里待上许多天，查阅关于吸血鬼迷信以及特雷西瓦尼亚的历史、地理、风俗和民间传说等方面的资料。史托克小说里的德古拉伯爵具备传统吸血鬼的一切特点：没有映像，害怕大蒜和十字架，可以随意变成动物的模样，只能在夜里活动并依靠血来生存。最后，《德古拉》尽管读来有些沉重而且缺乏技巧，却能被视为幻想文学的杰作。它经常再版，并被译成世界上的主要语言，影响了大量的文学作品，而且创造了一个神秘的形象，这一形象到20世纪变得更加鲜明。

托德·布朗宁的《吸血狂魔》（1931）里有些很美的镜头，在德古拉城堡里拍摄的几组尤其如此。影片忠实地再现了史托克想象的情节，但是次要人物的角色往往互换，名字也略有改动。露茜·韦斯泰拉变成了露茜·韦斯顿，乔纳森·哈克在影片里名叫约翰，米娜不再是他的妻子，而是霍姆伍德博士的妻子了。此外，到德古拉城堡里洽谈生意的不是哈克，而是精神错乱的伦费埃尔德，演员德怀特·弗莱特把这个角色演绎得非常出色。左图是扮演德古拉的贝拉·卢戈西，他想咬由海伦·钱德勒扮演的米娜的脖子。

“19世纪最美的小说”

《德古拉》一出版就大获成功，受到广大读者的好评。它的声望今天已大不如前，因而算不上是人们可以想象的彻底的胜利。当时的英国报界都非常支持它，《蓓尔美尔街新闻》认为它“极其出色”，

《每日邮报》甚至不无夸大地将它与艾米莉·勃朗特的《呼啸山庄》、埃德加·爱伦·坡的《厄舍古屋的倒塌》等英国表现主义文学的杰作相提并论。维多利亚时代的读者酷爱超自然的可怕故事，而德古拉则具有取悦他们的一切特点。

小说的善恶二元论恰到好处，使美德战胜罪恶，所以符合既定的道德规范。此外，德古拉这个魔鬼般的人物，无论如何装扮都是魔鬼的化身。他来自欧洲大陆一个遥远的国家，企图扰乱英国社会的和谐秩序，这一点多少满足了维多利亚时代人们潜在的排外心理。小说的情欲成为禁忌，人们不敢公开承认它的存在。现在的读者与这部小说已有隔阂，会认为这部假道学的作品既由于描写吸血鬼与受害者之间的性关系而淫秽不堪，又因为受伯爵控制的人都是维多利亚时代平凡的小人物而具有浓厚的颠覆色彩。

正如这个广告大标题所显示的那样（左上），《德古拉》已经举世闻名。这部恐怖文学的经典，足以与当时另一部最为成功的小说《科学怪人》相媲美。

20世纪产生的传奇

《德古拉》出版后大受欢迎，但是在史托克的有生之年，它并未成为一个真正的传奇。德古拉远不如歇

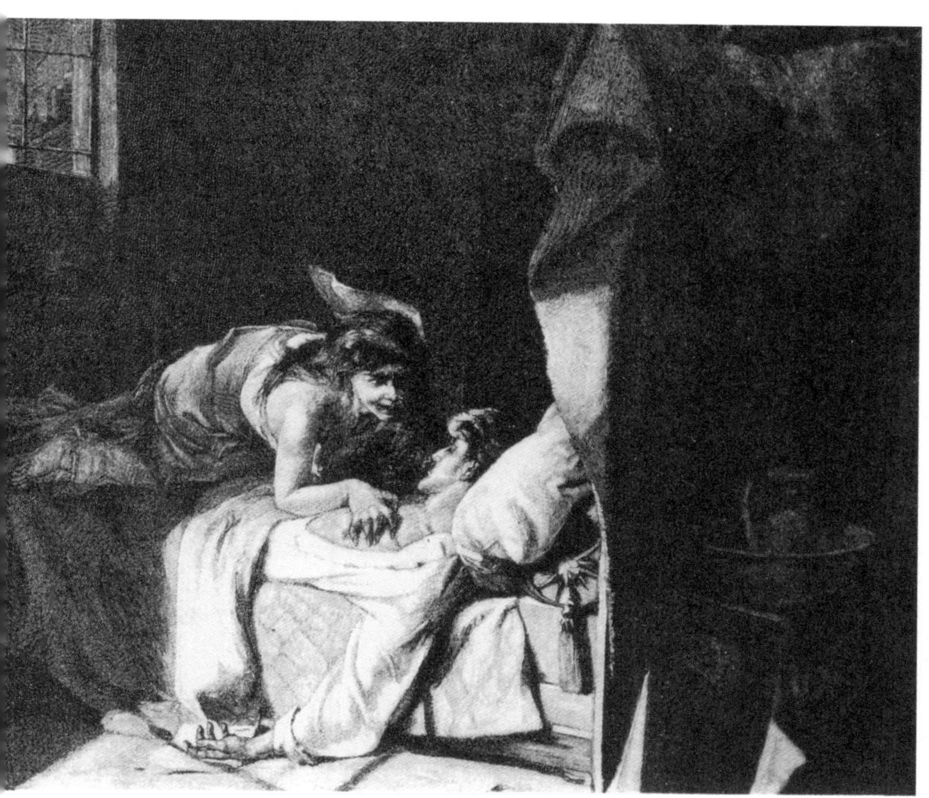

洛克·福尔摩斯那样家喻户晓，史托克的名声也无法与收到成百上千封读者来信的柯南·道尔相比。首先是戏剧，然后尤其是电影，才使这部小说达到了传奇的程度。

1924年6月，也就是史托克去世12年之后，《德古拉》由汉密尔顿·迪恩搬上舞台，首次在英格兰中部的德比上演。主人公的装扮——晚礼服和黑披风，从此成为现代吸血鬼的共同特征。1927年6月，该剧在伦敦重新上演时大获成功。同年6月跨越大西洋，在美国的百老汇上演。扮演伯爵的演员是原籍匈牙利的贝拉·卢戈西·布拉斯科，他后来在影片中把这个角色演得惟

《德古拉》出版的时候，19世纪末的精神状态并不限于维多利亚时代的社会。“颓废主义”在整个欧洲都风行一时。对于一切病态、诡异、令人震惊和反感的东西，知识界都趋之若鹜。性爱和死亡成了许多画集的主题。上图是根据马克斯·卡恩1895年的一幅画雕刻的版画《女吸血鬼》。

在穆瑙的影片《吸血鬼诺斯菲拉杜》（上图）里，马克斯·施雷克是第一位扮演德古拉的演员，但是这个人物与小说大不相同。史托克笔下的德古拉高大威严，而穆瑙影片里的德古拉却矮小瘦弱，头顶光秃，犹如恶魔。穆瑙并未征得史托克遗孀的许可，擅自把小说改编成电影，而且更换了书名和人物的名字。吸血鬼改成了奥罗克伯爵，又名诺斯费拉图。尽管如此，柏林的普拉纳公司还是被判处销毁这部影片，但有些胶卷幸运地得以保存下来。

妙惟肖，使德古拉终于成为一个传奇人物。

布朗宁导演的《吸血狂魔》（1931），是根据史托克的小说改编的第一部有声电影，主角是贝拉·卢戈西。不过在此之前，有一部弗里德里希·穆瑙导演的默片《吸血鬼诺斯费拉图》，堪称德国表现主义的杰作，但它在1922年上映时实际上被完全忽视，因为它涉及了一场版权官司。另一部世界名片《吸血鬼》拍摄于1932年，是丹麦导演卡尔·特奥多尔·德莱耶对《卡蜜拉》的随意改编，不过它虽然令人赞叹，与托德·布朗宁的影片相比却相形见绌。因此关于德古拉的现代传奇，可以说产生于1931年的好莱坞，从此到1958年为止都是由美国人创作的。

这样的地点和时期都并非偶然：美国当时正处于历史上一个最黑暗的时期。1929年，纽约华尔街金融行情暴跌，数百万人破产。对大部分美国人来说，与其他电影中的妖魔相比，德古拉身上凝聚着由经济危机所引起的仇恨和焦虑。德古拉具有象征意义，是受人憎恨的陌生人，大家把社会上的一切苦难都归咎于他。贝拉·卢戈西的匈牙利口音、苍白的面容和邪恶的微笑，都有助于他把角色演绎得惟妙惟肖。

直到第二次世界大战结束，这部影片在美国影响了许许多多的通俗文学，德古拉及其同伙在其中换上了斯拉夫或日耳曼的名字。在美国人的潜意识里，他们分别代表布尔什维主义和纳粹主义，最初的传奇由此产生了奇特的变化。

身穿晚礼服（上图）和黑披风（左图），在百老汇演过德古拉之后，贝拉·卢戈西就成了布朗宁影片的主角。他的外貌虽然不像史托克笔下的德古拉（留着长发和白色小胡子的老人），却有着这个人物的贵族风度和中欧口音。贝拉·卢戈西在全世界确立了德古拉的形象，引起了大量的仿作。第二次世界大战以后，这位明星失去了光彩，只能在一些平庸的闹剧里扮演德古拉。他在1957年临终之时，坚持要穿上这套使他成名的服装。

继贝拉·卢戈西之后，德古拉这个角色的最著名的扮演者，是英国演员克里斯托弗·李，左图是他在费雪的《德古拉的噩梦》（1958）的广告上，这是第一部根据小说改编的彩色片。其他演员使这个人物变得年轻，成了一个诱惑者。美国人弗兰克·兰格拉（下图）在约翰·巴达姆的《德古拉》（1979）里就是如此，他使伯爵变成了一个最接近于安娜·赖斯的吸血鬼，而不是史托克设想的原型。

德古拉的新化身

1958年，德古拉改变了面貌。在特伦斯·费雪的影片《德古拉的噩梦》里，英国演员克里斯托弗·李重新扮演了这个角色。与贝拉·卢戈西在外貌上大不相同，克里斯托弗·李塑造的德古拉身材高大，两鬓斑白，举止威严，嘴里长着又长又尖的獠牙。他在十来部影片里扮演这个角色，直到演烦了这个人物之后，才在1976年拍摄了最后一部影片：爱德华·莫里纳罗的《德古拉，父与子》，这是根据克洛德·克罗茨的小说《巴黎吸血鬼》改编的喜剧片。克里斯托弗经常被其他演吸血鬼的演员模仿。

与他的前辈们大不相同，加里·奥德曼在科波拉的影片中，扮演了一个具有多种面孔的德古拉。在上面这幅剧照里，可以看到他与扮演米娜的薇诺娜·赖德在一起，戴着大礼帽和太阳镜，模样像一个可爱的年轻人。他充血的眼睛在可敬的外表下流露出可怕的本性。在影片的结尾，吸血鬼却靠着米娜对他的爱情而恢复了名誉。

1979年，两部彼此差别很大的影片赋予了史托克的这个人物以新的形象：一部是沃纳·赫佐格的《诺斯费拉图》，其中克劳斯·金斯基因恢复了马克斯·施雷克的打扮而回到了过去；另一部是约翰·巴达姆的《月黑风高》，弗兰克·兰格拉在影片中扮演的吸血鬼既年轻又迷人。2000年，威廉·达福在伊莱亚斯·梅里格的影片《吸血鬼魅影》里扮演诺斯菲拉杜，重新采用了马克斯·施雷克的打扮。弗兰克·兰格拉则形成了一个流派，人们看到在他之后出现了许多诱惑者德古拉。

然而，20世纪末最引人注目的影片，毫无疑问当数科波拉的《吸血僵尸惊情四百年》（1992），加里·奥德曼扮演的吸血鬼以不同的面貌出现，分别是藐视上帝和人类的作战指挥官、装腔作势的谜一般的老人、善于诱惑的年轻的花花公子，然后带有一具正在解体的死尸的可怕特征。

从电影到现代世界

除了《德古拉》之外，其他许多长篇和中篇小说都为电影带来了灵感。例如瓦蒂姆的《死于温柔乡》（1960），就是根据勒·法努的《卡蜜拉》而改编的。离我们更近的是惠特利·斯特里贝的小说《千年血后》（1981），在1984年被托尼·斯科特与凯瑟琳·丹妮芙和大卫·鲍威出色地搬上了银幕。最成功的影片之一是对安娜·赖斯的小说《夜访吸血鬼》的令人钦佩的改编，1994年拍摄时由布拉德·皮特和汤姆·克鲁斯担任主角。还应该指出的是，约翰·卡彭特的巨片《吸血鬼》(1998)，取材于约翰·斯特克利命名的小说。理查德·马西森的小说《我是传奇》(1954)，在2007年影响了弗朗西斯·劳伦斯的场面宏大的由威尔·史密斯主演的影片。

近年来，在吸血鬼题材方面最引人注目的，无疑是《暮光之城》。这部电影在全球掀起了一股吸血鬼热潮，这是年轻的美国女作家斯特法妮·梅耶的四部曲，《暮色》(2005)和《新月》(2007)先后由凯瑟琳·哈威克在2008年、大卫·斯莱德在2009年搬上银幕。

在起初为青年读者写作、后来在全世界取得巨大成功的《暮光之城》(2005—2007)的四部系列小说中，美国女作家斯特法妮·梅耶描绘了少女贝拉·斯旺与年轻英俊、优雅动人的吸血鬼爱德华·卡伦的复杂爱情。卡伦实际上是一个无害的吸血鬼，因为他仅限于吸食动物的血。四部曲的前两部在2008年和2009年被搬上银幕，由克里斯汀·斯图尔特扮演贝拉，罗伯特·帕丁森扮演爱德华。

有些非常优秀的吸血鬼题材的影片，当然是根据原创的电影剧本来拍摄的。其中有约翰·兰迪斯的《无辜之血》(1992)，罗伯特·罗德里格斯的《杀出个黎明》(1996)，梁普智的《吸血情圣》(1998)，莱恩·怀斯曼的《黑夜传说》(2003)和朴赞郁的《蝙蝠》(2009)。

当代的文学与电影，以及《巴菲》和《真爱如血》等系列电视剧和动画片，使吸血鬼传奇得以持久存在，同时赋予它与19世纪大不相同的形象。现代的吸血鬼显然更有人性，尤其是不像他们的前辈那样令人反感了。

与史托克的《德古拉》相反，他们不再害怕大蒜和十字架，不再执拗地变成蝙蝠，他们还能睡在别的地方而不是在棺材里。他们不再表现为绝对的恶，其中有一些甚至放弃了吸食人血。相反，他们往往非常漂亮、永远年轻，而且几乎是永生的。他们不再像是魔鬼的创造物，而是更像天使或超人。他们不再居住在喀尔巴阡山脉深处的荒废的城堡里，而是过着与我们非常相似的生活。《暮光之城》的主角爱德华·卡伦是个年轻的中学生，看起来与其他人没有任何区别，而读过北欧传说的青少年都像他的小女友贝拉一样看待他。

在关于吸血鬼的电视剧系列中，目前在美国最为成功的是《真爱如血》。女主人公苏姬·斯塔克豪斯是一家酒吧间的女招待，与吸血鬼们频繁交往，他们并非都是吸血鬼，其中有些已经放弃吸食人血，满足于一种瓶装销售的代用品，它被讽刺性地称为“真血”。

今天，吸血鬼获得了观众，特别是非常认同他们的青少年观众的前所未有的好感。每年都有十来部关于这个题材的小说出版，同时还占领了电影和电视的荧屏。人们有时可以思考一下，当赋予它的形象已被净化的时候，这些人物之中的某些人是否还是吸血鬼。无论人们是否感到遗憾，这种流行的现象表明，吸血鬼还将迎来一段辉煌的岁月。

Drakula
gróf

见证与文献

一个名叫德古拉的暴君

“从前，在蒙特尼亚地区有一个督军，
是个信仰希腊正教的基督徒，
他的名字在罗马尼亚语里是德古拉，
用我们的话来说就是‘魔鬼’。
他凶残无比，一生都人如其名。”

《俄罗斯编年史》

历史上的德古拉的暴行，在东欧的编年史里留下了骇人听闻的记录。对于如何看待自己和尊重法律，他自有一套与众不同的看法。

一堂礼节课

有一天，土耳其皇帝派遣使节前来晋见德古拉。到了德古拉的面前，他们按照自己国家的习俗鞠躬，没有脱掉头巾。于是德古拉问道：

“你们这样做算什么？在你们面前的是一位伟大的君主，而你们就这样侮辱我？”

他们回答说：“这是我们的君主和国家的习俗。”

德古拉就对他们说：

“那好，我就教你们永远遵守自己的习俗。你们站稳了！”

接着，他下令将他们的头巾用一根小铁钉钉在头上，然后放他们走，并且说道：

“回去告诉你们的君主，他习惯接受这种侮辱，我们可没有这种习惯。叫他不要把自己的习俗强加给其他根本不想这样做的君主，让他把这些习俗留给自己吧。”

怎样进天国？

一天，德古拉命人在全国宣告，让老弱病残者和穷人到他那里去。就这样，一大群穷人和流浪汉集中在一起，都等着德古拉大发慈悲。德古拉命令他们到一栋事先准备好的大房子里，让他们尽情吃喝。这些人吃饱之后就开始玩耍，德古拉亲自来探望他们，问道：

“你们还想要什么？”他们异口同声地回答：“只有上帝和陛下才会知道，而上帝会让你听到。”

于是他告诉他们：“你们愿意让我使你们不再发愁，在这个世界上什么都不缺吗？”所有的人都指望能得到些好处，就回答说：“我们愿意，陛下！”德古拉就下令，锁上房门，然后放把火烧死他们。他在烧的时候还对贵族们说：

“我这样做，是为了让他们不再成为别人的负担，我的国家从此不再有穷人，人人都富裕。而且我还拯救了他们，他们当中不会再有一个人忍受贫困或任何残疾之苦了。”

善有善报

一天，一个匈牙利商人来到德古拉管辖的城市。按照德古拉的命令，他把货车停在屋前的街道上，货物放在车里，自己在房里过夜。有人从他车里偷了160枚金币，商人去见德古拉，说自己丢了金币。德古拉对他说：

“你放心去吧。今天夜里金币就会还给你。”于是他下令在全城搜捕那个窃贼，并且说：“如果找不到窃贼，我就把全城的人都杀光。”

他又吩咐手下把商人的金币放回货车里，不过他多加了一枚。商人醒来后看到金币，数了两遍，发现多了一个。他走到德古拉面前说：

“陛下，我找到了金币，可是多了一个，那不是我的。”这时有人把窃贼和被偷的金币带到德古拉面前。德古拉对商人说：

“走吧！你要是不提这枚多出来的金币，我就会把你和这个小偷一起用木桩刑处死。”

《中欧和东欧关于德古拉君主的传记》
15世纪
马泰·卡扎库

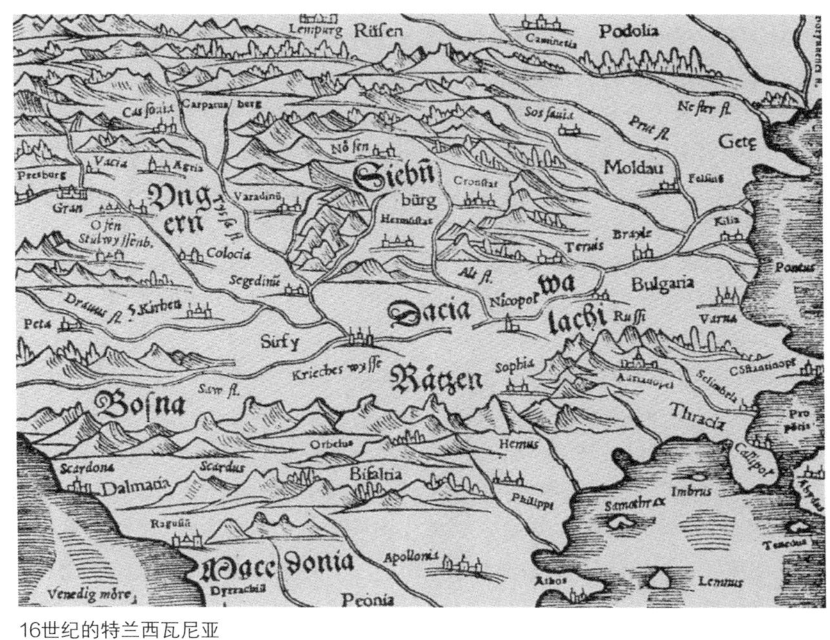

16世纪的特兰西瓦尼亚

世代相传的吸血鬼迷信

11世纪以来，
早在“吸血鬼”
这个名称出现之前，
人们就能收集到
各种关于僵尸存在的证据。

基督教时代有关僵尸的证据，早在1304年的主教会议上就提到了。

从坟墓里扔出来

这时，夏尔特的主教开始讲述：“就在最近，开完布尔日的主教会议以后，我们教区里有一个被开除教籍的骑士遇害了。尽管他的亲友再三恳求，但是为了让其他人引以为戒，再加上他确实犯了抢劫大罪，所以我没有赦免他的罪行。后来，未经我批准，这个骑士就在当地一个教士的护送下，由一些士兵埋葬在圣皮埃尔教堂附近。可是第二天早晨，他的尸体就赤条条地躺在坟墓外面的地上。士兵们挖开坟墓，里面只剩下他下葬时穿的衣服。他们重新掩埋了骑士的尸体，用一大堆泥土和石块仔细地把墓门封好。但是第二天，他们又发现尸体在墓外面，而坟墓却完好无损。他们先后埋了五次，最后他们被这种可怕的现象吓得魂飞魄散，就赶快用土把这具远离教会墓地的尸体盖上。军队的指挥官也惊恐万分，不待我们要求，立刻就与我们和解了。”

托尼·菲福尔
摘录自《吸血鬼》

英国人瓦尔特·梅普曾经担任林肯郡的议事官，后来是牛津郡的代理主教。梅普讲过好几个关于僵尸的故事，下面是其中的一个。

“让他的尸体走路”

威廉·洛顿是一名英国士兵，以力大和勇敢著称。他去找当时的赫里福德郡的主教，也就是现在伦敦的主教吉尔伯特·福里奥，对主教说：“大人，我来向您请教。有个坏人最近死在我家。这是个表示什么都不相信的人。去世四天后，每天夜里都回来，逮到机会就厉声呼叫一个以前的邻居。凡是被他喊到名字的人，马上就生病，两天后就死去。现在他的邻居已经剩下没有几个了。”主教听得目瞪口呆，答道：“这个卑鄙无耻的恶鬼，上帝也许给了他法力，使他可以醒过来，也可以移动尸体，但还是必须把尸体挖出来，勒死他，并且用圣水洒在尸体和坟墓上，然后将他重新安葬。”他们按照主教的吩咐行事，却仍然受到这个游魂的折磨和攻击。

终于在一天夜里，因为活着的人

已经不多，洛顿的名字被叫了三次。可是洛顿却胆大好斗，目光敏锐，他找出剑来挥舞着冲出门去。魔鬼逃跑了，洛顿一直追到坟墓里，向已经躺在里面的尸体砍了一剑，尸体的脑袋和身体分了家。

从此以后，洛顿不再受到这个野鬼的纠缠，其他人也没有再受到任何伤害。

瓦尔特·梅普
《法庭琐事》
1181—1193

在1702年出版的《东方国家游记》中，法国植物学家约瑟夫·皮东·德·图纳福尔（1656—1708）讲述了希腊米科诺斯岛上一具活尸的故事，下面是由堂·卡尔梅转述的。

一具调皮的活尸

我要讲的这个人，是米科诺斯岛上的一个农民。他很容易发火，喜欢吵架，这类题材的主角性格大多如此。他在乡下遇害了，至于是谁杀的，他为什么被杀，没有人知道。这个农民葬在城里的一个小教堂里。两天后，据说有人看见他在夜里迈着大步闲逛，到各家各户去弄翻家具，熄灭灯火，从背后抱人，还用各种恶作剧来捉弄人……

发狂的岛屿

这个城里的当权者、教士和修士们开了几次会议之后，得出的结论是要采用一种古老的仪式，埋葬以后再等上九天。

第十天，教会人士在放尸体的小教堂里举行了一场弥撒，以便驱走居民们相信藏在尸体里的魔鬼。做完弥撒之后，尸体被抬了出来，有人准备好要挖出它的心脏。动手的是城里的屠夫，上了年纪，笨手笨脚地先破开了尸体的肚子。他在尸体的内脏间掏了半天，也没有发现要找的东西。

最后有人提醒屠夫，应该刺穿横膈膜。他终于掏出了心脏，目击者中响起一片赞叹的声音。尸体恶臭熏人，大家不得不焚香除臭。但是香气与尸臭混在一起，变得更加臭不可闻，这些可怜人开始头昏脑涨。

面对眼前的情景，众人开始产生幻觉，有人竟然说尸体冒出了一股浓烟。我们不敢说这是焚香的烟气。在小教堂里的人，以及门外广场上的人，拼命喊着：“是活尸！”（这是对回到人世的鬼魂的称呼）流言像空谷回音般传遍大街小巷，喊声震动了小教堂的穹顶。有几个在场的人断言，那个倒霉鬼的血还是热的。人们由此得出结论：死者千不该万不该，不该死得不干脆，听任魔鬼缠身，让自己复活。这正是人们对一具“活尸”的想法，这个名称也引得众人议论纷纷。这时进来了一大群人，他们大声抗议，说这具尸体从乡下运往教堂的路上并未变硬，是他们亲眼见到的，因而是一具真正的“活尸”。他们的话其实是老调重弹。

要不是我们也在场目睹了这一切，我们就会相信有人不觉得尸体臭。这群可怜虫都昏了头，还是相信死者真的还魂。我们为了看得更加仔细和清楚，于是靠近尸体，差点被它发出的恶臭熏倒。当有人问我们对这个死者有什么看法的时候，我们回答说，他的确是死了。但是为了纠正他们的想法，或者至少使他们不再胡思乱想，我们向他们解释：屠夫在掏腐烂的内脏时感觉还热并不奇怪，这是由于他掏出了一些粪便的缘故。至于屠夫手上还沾着的血，其实也只是一团奇臭无比的烂残渣。

经过我们这一番开导和解释，大家同意到海边去，把死者的心脏烧掉。可是尽管已经把尸体的心脏烧掉了，尸体却更加张狂，比以前闹得更厉害了。大家指控它在夜间打人，破门而入，甚至踏上阳台，打碎窗户，撕破衣服，把瓶瓶罐罐里的东西都吃得一干二净。这是一具极为凶残的尸体，只有我们所住的行政官邸没有受到它的骚扰。

堂·奥古斯丁·卡尔梅
《论鬼魂显灵以及吸血鬼》
1751年

1726年发生的阿诺德·帕奥勒案件，以及由约翰·弗鲁肯格所写的《见闻与发现》（1732），使整个西欧对吸血鬼有了真正的认识。

塞尔维亚的阿诺德·帕奥勒的案情

在塞尔维亚的梅德维亚村，发生了好几桩吸血鬼害死人的案例。多次听说这个传闻之后，我奉陛下的最高统帅部之命，带着一些军官和两台挖土机，前去调查这个问题。我们当着民兵队长格尔西茨·海杜克·布雅克塔尔以及当地一些资深民兵的面执行这项任务。经过询问，他们异口同声地说大约在五年前，有一个名叫阿诺德·帕奥勒的民兵，从干草车上跌了下来，摔断了脖子。而帕奥勒生前曾多次提起，他被土耳其波斯的卡索瓦附近的一个吸血鬼伤害过。

所以，他自己可能在一个吸血鬼的坟墓里吃过土，用吸血鬼的血涂抹自己（像通行的做法一样），以化解吸血鬼施加的魔法。可是在他死后二三十天，有些人就言之凿凿，说阿诺德·帕奥勒来折磨他们，并且弄死了四个人。为了避免这种危险状况的发生，民兵建议当地人把吸血鬼挖出来，居民们立刻照办。这时他已死了40天，但尸体仍保存完好，肌肉也没有腐烂，鲜血还从眼睛、耳朵和鼻子里流出来，浸染了衬衫和裹尸布。手脚的指甲已经脱落，又长出了新的。人们由此认定他是一个极其可怕的吸血鬼，所以按照当地的习俗，将尖木桩钉入了他的心脏。

可是，当人们正在刺的时候，尸体发出一声狂吼，如注的鲜血从体内喷射出来。尸体在当天焚毁，骨灰撒在坟墓里。但是当地人都认为，凡是被吸血鬼害死的人，死后也会变成吸血鬼，因此，对上述的四个被害者的尸体也如法炮制。

事情并未就此了结，因为人们相信这个阿诺德·帕奥勒不但攻击人，就连家畜也不放过。

约翰·弗鲁肯格

《见闻与发现》

1732年

在他的著作的第16章里，堂·卡尔梅引述了这封给友人的信，信里谈到匈牙利的一个吸血鬼。

匈牙利的鬼魂

堂·卡尔梅神父想要深入了解吸血鬼，为了满足他的要求，本人敢打包票，他在欧洲报纸上转载过的、公开发布的调查报告中所读到的东西，已经算是最真实、最确定无疑的记录了。不过，在这些林林总总的调查报告中，总有一个大家都耳熟能详的真实事件，所以神父先生应该特别注意贝尔格莱德代表团的那一份。该团由光荣的先王查理六世组织，并由已故的尊贵殿下、符腾堡的查理·亚历山大公爵率领，他当时是塞尔维亚王国的总督。不过由于手头没有任何资料，我无法说明代表团出发的年份和日期。

这位君主派出的贝尔格莱德代表团，成员有一半是军官，一半是平民，加上日耳曼王国的检察官。他们准备前往一个村庄，几年前那儿死了一个出名的吸血鬼，在亲友间造成了严重的伤害。这些吸血鬼只吸亲友的血，目的是要毁灭人类。代表团成员个个德才兼备，在操守和学问方面都无懈可击。同行的人里还有符腾堡亚历山大亲王麾下的掷弹兵中尉，以及24名掷弹兵。

贝尔格莱德的所有上流人士，包括公爵本人，都和这个代表团一起出发，参与调查工作，以便目睹即将真相大白的事实。

到达目的地后，这一行人获悉在最近15天之内，吸血鬼已经把他的五个侄子侄女害死了三个，还有一个亲兄弟也惨遭毒手。第五个目标是他的侄女，一个美丽的少女，他已经吸了她两次血，幸好后来他们采取了下面的行动予以制止。

村庄离贝尔格莱德不远，夜幕降

临的时候，村民们和代表团的成员来到吸血鬼的墓地。这位先生不可能向我描述受害者被吸血的情景，或者这方面的具体情况。那个被吸血的少女精神萎靡不振，衰弱无力，她被折磨得太厉害了，看起来十分可怜。这个吸血鬼大约是三年前入土的：人们看到他的坟上有一束亮光，像是灯光，但不是很明亮。

大家打开坟墓，发现里面有一个人，看起来与在场的活人一样健全，身体完好无损。他的头发、汗毛、指甲、牙齿，以及半闭的眼睛，都与我们这些活人无异，而且他的心脏还在跳动。

接着要把他从坟墓里拉出来。他的身体其实并不柔软，但是肌肉、骨头都在，一样不缺。有人用又圆又尖的铁标枪刺穿了他的心脏，随着血一起喷出来的还有一种微白的液体，不过血比液体多，也没有臭味。然后有人用一把像是在英国用来执行死刑的斧子，砍下了他的脑袋，也冒出一股和刚才一样的血和液体，不过喷得更多。

最后大家把这具遗体扔进墓穴，接着盖上大量的生石灰，以便尽快地烧化他。这时他那被吸过两次血的侄女才稍稍好转。其他受害者身上被吸血的部位，形成了一块青斑。吸血的部位并不固定，时而在一个地方，时而在另一个地方。这是一个众所周知的事实，有最可靠的文件作为证明，而且是1300多位值得信赖的人士亲眼所见的。

然而我要等待时机，才能满足博学的卡尔梅神父的好奇心，向他详细讲解我在这里目睹的一切。我会把这些经历写好，再托圣乌尔班骑士转交给他，请骑士在适当的机会向他说明。神父的信徒德·贝罗兹谦逊温和，对神父崇敬有加，他就是符腾堡的亚历山大亲王的副官，目前在拉特朗克男爵先生的军团里，担任第一掷弹兵队的队长。

堂·奥古斯丁·卡尔梅
《论鬼魂显灵以及吸血鬼》
1751年

普罗斯佩·梅里美在他记述民谣和游记的《独弦琴》里，讲述了1816年他在塞尔维亚亲眼所见的一个吸血鬼迷信的故事。

变成吸血鬼的塞尔维亚少女

一天傍晚，两个女仆离开了大约一个小时，我不想再喝酒了，就为房东唱一些当地的小调，卧室里却突然传来了可怕的叫声。

屋里只有一间卧室，谁都可以睡在里面。我们拿起武器跑进去，见到一幕可怕的景象。那个母亲披头散发，抱着躺在铺着稻草的床上昏迷不醒、脸色比她还要苍白的女儿。母亲喊着："吸血鬼！有吸血鬼！我可怜的女儿死了！"我们七手八脚地照料了一番，可怜的卡娃才醒了过来。她说刚才看到窗户自动打开了，一个脸色惨白、穿着裹尸衣的男人向她扑过来，咬她之后还想勒死她。她大声喊叫，鬼魂逃走，她也昏过去了。不过她认出了吸血鬼是个本地人，名叫威扎尼，是半个多月前去世的。卡娃的颈部有一小块红印，不过我不能确定这是胎记，还是她做噩梦时被什么昆虫叮咬的……

天亮的时候，整个村庄都骚动起来。男人们拿着枪和菜刀，妇女们带着红酵素，孩子们带的武器则是木棍和石块。大家都向墓地走去，一路上对那个死者骂声不绝。在喧闹聒噪的人群中，我好不容易才挤出来，站到墓穴的旁边……

当尸体上的床单被揭开时，一声凄厉的尖叫震得我毛发直竖，那是我身旁的一个女人发出的喊叫。"这是个吸血鬼！他没有被蛆吃掉！"四周的人齐声附和。

尸体的脑袋同时挨了20多枪，被打得粉碎。卡娃的父亲和亲戚用长刀向尸体猛砍。一些妇女用碎布浸着尸体被打烂后渗出的红色液体，拿来擦拭被吸血的少女的脖子。这时有几个年轻人把尸体从墓穴里拉出来，尽管它已千疮百孔，他们还是小心翼翼，把它捆牢在一棵冷杉的树干上。接着在孩子们的追随之下，他们把尸体拖到闹事房屋对面的一个小果园里。那里已事先准备好一大堆木柴，还夹杂着一些稻草。

人们用火点着柴堆，把尸体扔在上面，然后围着火堆跳舞，争先恐后地大声喊叫……有人用这些浸有红色液体、臭烘烘的碎布包扎少女的脖子。他们以为红色的液体是血，这种红色与卡娃半裸的肩膀和胸脯形成了可怕的对照。

普罗斯佩·梅里美

《独弦琴》

1827年

理性主义的反应

在启蒙时代，
学者、哲学家，
甚至包括教会人士，
都以理性的名义
严厉批判在各种伪科学的杂志
和论著中散布的吸血鬼迷信的传说。

伏尔泰对吸血鬼迷信深恶痛绝，在《哲学辞典》的“吸血鬼”这个条目里，用他一贯的犀利笔法进行了尖刻的讽刺。

吸血鬼迷信是一种过时的习俗

什么！18世纪居然还有吸血鬼！在洛克、沙夫茨伯里、特伦查德、柯林斯的学说已然流行，在达朗贝尔、狄德罗、圣朗贝尔和杜克洛的著作盛行之时，人们竟然相信有吸血鬼！而一向受人尊敬的堂・奥古斯丁・卡尔梅神父，身兼圣瓦恩和圣伊迪尔夫两所修会的本笃会修士，同时也是年收入10万里弗尔（法国古币）的塞农修道院的院长，附近还有两所同样收入的修道院，却由马尔西里签署的索邦神学院批准，一再出版关于吸血鬼的故事！

这些吸血鬼是一些死人，夜间从坟墓出来吸活人的血，在脖子或肚子上吸完血后再回到墓穴里。活人被吸血后就消瘦苍白、痨病缠身，而死者吸血之后却肥胖起来，呈现十分诱人的鲜红肤色，在波兰、匈牙利、西里西亚、摩拉维亚、奥地利以及洛林等地都有这类事件。在伦敦和巴黎，从来没有人谈起吸血鬼。不过我承认，这两个城市充斥着投机者、饭店老板和生意人，他们成天吸人民的血，过着行尸走肉的生活。这些真正的吸血鬼住的不是坟墓，而是非常舒适豪华的宅邸。

修士是唯一真实的吸血鬼

据说最早要求死后享受供奉的是波斯国王。如今几乎所有的国王都如法炮制，但是把祭祀的酒喝掉、饭菜吃光的却是修士。因此严格地说，国王不是吸血鬼，真正的吸血鬼是那些靠国王和人民养活的修士。

接下来应该热烈讨论的，是该不该宽恕生前被开除教籍，在死后变成吸血鬼的冤魂，这种讨论想必更接近问题的核心。我在神学方面修养不深，对这个问题说不出什么见解。不过我很赞成宽恕，因为面对隐蔽可疑的事情，总应该采取最温和的态度。

现在不再有吸血鬼了！

综上所述，可见在五六年里，欧洲大部分地区都闹过吸血鬼，但现在不再有了。法国在20多年里曾有过痉挛的病人，但现在不再有了。在1700

年里，我们有过鬼怪附身的人，但现在也没有了。自古希腊医师希波克拉底以来，人们都想让死人复活，但如今已不再复活他们了。西班牙、葡萄牙、法国、那不勒斯，以及西西里岛上都有过耶稣会士，但现在也没有了。

伏尔泰
《哲学辞典》
1764年

迷信是无知的产物

让我们看看用来证明吸血鬼迷信的事实。罗西纳·伊奥拉金死于1754年12月22日，后来因为尸体完好而被认定是吸血鬼，并于1755年1月19日被挖出来用火焚烧。这一年冬天，解剖学家把一些尸体放在户外，长达六个星期到两个月之久，而它们都没有腐烂，想必因为这年冬季特别寒冷，在其他挖出来的尸体中，大部分身躯已经腐烂，但是只要尚未烂光就被视为吸血鬼，马上用火烧掉。多么无知啊！在报道奥洛穆茨地区红衣主教会议的文章中，提到了吸血鬼尸体的某些迹象或特征，但始终语焉不详。为判决作证的两个外科医生，从未见过一具干尸，对人体构造也一无所知。事实上，在奥洛穆茨开会的红衣主教们，倒并不一定要外科医生来考察事实，有时也会让教会人士信口开河，大谈吸血鬼迷信。正是因为有了这种“先入之见”，以至在1723年，红衣主教们让人焚烧了一具刚下葬13天的尸体，理由竟是他的祖母在修会里名声不好。

人们不再尊重死者

以上所述的，就是这个故事的依据，而且由此产生了一些渎圣的行为，以及对坟墓的侵犯。这种流弊如果不能逐渐消除，不仅死者名誉扫地，他们的家族也会因此蒙羞。无辜死去的孩子们，尸体被扔到刽子手的手中；生前无可指责的男人，也遭到暴尸的厄运，一切都只因为世上有了巫术。人们说他们是巫师，不但把他们的尸体交给刽子手烧成灰烬，而且在判决中强调，他们如果活着将受到更严厉的惩罚。人们焚毁他们的尸体，以此吓唬他们的同谋。

热拉尔·范·斯威埃登
《关于吸血鬼的医学报告》
1755年

布拉姆·史托克的吸血鬼

《德古拉》（1897）影响了大量的长篇小说、短篇小说和影片，堪称是现代吸血鬼传奇的奠基之作。它的作者布拉姆·史托克（1847—1912）是伦敦的莱森剧院的舞台总监，但是他出于兴趣写了一些幻想类的短篇和长篇小说，其中包括《蒙着裹尸布的夫人》（1909）。

乔纳森·哈克奉命前往特兰西瓦尼亚，来到德古拉伯爵的城堡，他在日记里描绘了主人的诡异举止。

哈克受到德古拉的接待

这个男人伸出右手，彬彬有礼地请我进去，用极为纯熟但音调古怪的英语对我说：

“欢迎光临寒舍！请进！”他没有向我跨步，始终待在原地，犹如一尊雕像。他为了迎接我而摆出的第一个姿势，显得有些僵硬。然而我一跨进门槛，他就迎面走来，动作甚至有点儿急迫。他伸出手来用力抓住我的手，痛得我直打哆嗦，而且他的手凉得像冰块一样，简直不是活人的，而是像个死人的手。他又说道：

“欢迎您的来访！请自便，不要害怕，把您带来的幸运留一些在这儿吧！”

此外，他握手的力气使我不禁想起马车夫的手，我从未见过马车夫的面孔，因此心里想着我是否在和马车夫说话。我想验证一下，便问道：

“是德古拉伯爵吗？”

他优雅地弯了弯腰，答道：

“是的，我就是德古拉伯爵，正在欢迎您，哈克先生。进来，快请进来。夜深露重，您一定需要休息了，也顺便吃点东西……”

德古拉的外貌

他的鹰钩鼻使他看起来真像一只鹰。他的前额高耸凸起，两鬓头发稀疏，但其他地方则很浓密。两道浓眉在鼻子上方几乎连在一起，长长的眉毛杂乱卷曲。他的嘴巴，或者说我在他骇人的唇髭下看到的那个东西，露出一种残酷的味道。闪着白光的牙齿分外尖利，突出在嘴唇上方，鲜红的嘴唇表明，他这个年纪的男人仍然有一股超凡的生命力。然而他的耳朵却没有血色，顶部很尖，宽大的下巴显得有力，面颊尽管深陷，但很坚实，面孔苍白得吓人，整张脸给人的印象就是如此。

当然，我也注意到他交叉在膝上的手背。在火光下看起来，它们显得更为白皙细腻。但是当我靠近观察的时候，先前的印象就完全被推翻了。这双手粗糙不堪：手背宽阔，手指短粗，更奇怪的是，手掌中竟然长着一撮毛。不过手指甲倒是又长又细，修成尖形。当伯爵转过身来碰到我的时候，我不禁战栗起来。也许是他呼吸的气味难闻，我一直感到恶心，而且在他面前无法掩饰。伯爵必定注意到了，因为他微笑着退了回去。他的微笑在我看来是不祥之兆，笑起来还能看清他凸出的牙齿。然后他又回到壁炉旁边的座位上。我们许久相对无言，当我环顾四周，向窗外望去的时候，天边已经透出晨曦的微光。这时万籁俱寂，然而仔细聆听，好像可以听到山谷里的狼嗥。我的东道主顿时眼睛发亮，对我说：

“听听它们的叫声！它们是黑夜的孩子，是它们把夜晚谱成了一首乐曲！”

德古拉露出吸血鬼的本性

我上了床，勉强睡了几个小时，感到自己无法再入睡就起来了。我从放日用品的盒子里把小镜子拿出来，挂在窗户的长插销上，开始刮脸的时候，忽然感到有一只手放在我的肩上，我听出是伯爵的声音在对我说：“您好！”我吓了一跳，因为从镜子里我看得见背后的整个房间，却没有看到他进来。这一吓使我把下巴划破了一个小口，不过我当时没有注意到。

后来我在回答伯爵的时候，又注视了一下镜子，想弄明白我怎么会看错。这一次绝对不可能是错觉，我知道这个人就在我身边，我只要稍微回过头来，就能看到他挨着我的肩膀。然而镜子里却没有他的映像！我身后的背景都清楚地呈现在镜子里，但是里面只有一个人，那就是我。

这个令人瞠目结舌的事实，以及许许多多神秘的现象，使得伯爵一出现，我就感到浑身不舒服。这时，我发觉下巴有点儿流血。我放下刮胡刀，侧过头来想找找有没有小棉球。当伯爵看到我的面孔时，他的眼睛里闪出一抹恶魔般的光芒，然后一把抓住我的脖子。我猛然向后一退，他的手碰到我脖子上的项链，上面有一个带耶稣像的小十字架。转瞬之间，他的表情判若两人，顿时怒气全消，使我几乎无法相信他真的发过火。

“要小心！”他对我说，“您受伤后要特别小心。这个地方可比您想象的要危险得多……”

德古拉沿着墙壁爬行

伯爵的头从地下室的窗户里探了出来。虽然看不见他的脸，但是我从他的脖子、背部，以及手臂的摆动上就能认出是他。他的双手我已看过不下百次，所以不可能看错。

起初我还看得兴味盎然，甚至觉得有点儿好玩，因为对一个被禁闭的人来说，一点儿鸡毛蒜皮的事都能令他玩味再三。但是当我看到伯爵慢慢地爬出窗户，沿着城堡的墙壁爬行时，我的感觉马上就转为厌恶和恐惧了。他就这样悬挂在这个令人眩晕的深渊之上，展开身体两侧的披风，宛如一对巨大的翅膀。

我不敢相信自己的眼睛，以为是月光下各种阴影浮动交错所成的影像。我仔细地注视着，知道自己没有看错。这一次我终于看清楚了，他的手指和脚趾紧紧抓住每块石头的边缘。石头上的灰尘因年代久远而剥落，显得高低不平。他迅速地爬下去，犹如一只在墙上移动的壁虎。

他是什么人？如果不是人，那是什么样的人形动物？我对这个地方从未感到如此恐惧，我害怕……怕得要命……可是又逃不了……

躺在棺材里的吸血鬼

大木箱还在原来的地方，靠墙放着。不过这次放上了盖子，还没有固定，但钉子已准备好，只要用锤子敲几下就行了。我知道为了找到钥匙，必须搜查尸体，于是我抬起棺盖靠在墙上，见到了一幕令人毛骨悚然的景象：不错，伯爵躺在里面，可是看起来年轻许多，因为白色头发和唇髭现在都变成了铁灰色。面颊也比之前丰润，苍白的肤色略微泛红。嘴唇鲜红无比，嘴角还渗出一滴滴鲜血，流到下巴和脖子上。深陷而发亮的眼睛，隐没在浮肿的脸庞里。这个人是如此可怖，身体里充满的只是鲜血。

德古拉来到英国，迫使米娜接受了吸血鬼迷信。后来，她向丈夫哈克讲述了她在睡着时发生的可怕情景。

血的洗礼

“他笑得很暧昧，把一只手放在我的肩上，然后紧抱着我，用另一只手抓住我的胸脯。

“‘现在，我的努力可以得到补偿了！’他说，‘好了，安静些！这又不是第一次，你的血会让我止渴！’

“我吓坏了，但奇怪得很，我一点也不想反抗他。我怀疑这是他向受害者下的一种可怕的魔咒。上帝啊，怜悯我吧！就在这时，他那发出恶臭的嘴唇贴到了我的胸脯上。”

她的丈夫又痛苦地呻吟起来，她使劲儿握着他的手，心疼地注视着他，仿佛是他在经历这场磨难。

“我越来越衰弱无力，几乎要昏过去了。我不知道这种状况持续了多久，只觉得时间是那么漫长。最后，他终于噘起那张丑恶的嘴巴，鲜血还不时地从里面滴出来。”

如果不是丈夫在一旁扶着她，不堪回首的记忆必定又会使她再次晕厥过去。然而，她竭力支撑着继续讲下去：

“他始终带着那副嘲弄的表情说：‘这么说，你也要破坏我的计划，和那些想消灭我的人是同谋了！可是现在你知道，他们也已经有些明白，而且不久就会更加清楚：想挡住我的去路要冒多大的危险。他们还不如把精力花费在其他事情上。当你们还在娘胎里的时候，我就是身经百战的老将了。当你的同谋挖空心思想打败我的时候，我也一直在考虑对策，不让他们得逞。你是他们的亲密盟友，现在却和我在一起，血肉交融。你会满足我的一切欲望，将是我永远的伴侣和恩人。总有一天，你会得到补偿：这些男人没有一个能拒绝你的要求。但是，此刻你要为你与他们同谋而受到我的惩罚，因为你曾经帮助他们来对付我。所以，从今以后，你必须听从我的召唤，当我用感应向你呼喊来吧，你要立刻穿越大地和海洋，来到我的身边。不过在这之前……’他解开衣扣，用长长的尖指甲划破胸口的血管，鲜血喷了出来。他用一只手抓住我的双手，使我无法动弹，同时用另一只手攫住我的颈背，使劲儿把我的嘴按在他那破裂的血管上。这一刻我快要窒息了，不得不吞咽一些……上帝啊！我为人处世一向小心谨慎循规蹈矩，我到底犯了什么错，才会受到这种折磨？上帝！我的上帝！大发慈悲吧！可怜可怜我这个身陷极端危险之中的灵魂，怜悯一切爱我的人吧！”

她擦拭嘴唇，似乎想抹去唇上沾染的污秽。

布拉姆·史托克
《德古拉》
1975年

吸血鬼与文学

在德古拉之前，
吸血鬼往往是女人，
正如戈蒂耶的《多情的女尸》
和勒·法努的《卡蜜拉》那样。
今天则相反，
最著名的吸血鬼往往是男人，
就像安娜·赖斯的
《夜访吸血鬼》里的路易和莱斯塔，
以及斯蒂法妮·迈耶的
《暮光之城》里的爱德华·卡伦一样。

在《多情的女尸》的这个片段里，叙述者是一位名叫罗米亚尔的年轻教士，他动情地描绘了那个使他忘记承担的义务的致命女人。

灵床上的克拉丽蒙德

我能向你们招认吗？如此完美的体态，虽然已被死亡的阴影净化而显得神圣不可侵犯，却使我心旌摇曳，快感倍增。她的安息恰似沉睡，以至给人以她并未死去的错觉。我忘了自己是来举行葬礼的，反而把自己想象成一个正在进入未婚妻房间的年轻丈夫。她害羞地蒙住了面孔，不想让人看见。我悲痛万分又欣喜若狂，战栗不已。我朝她俯下身去，抓住床单的一角慢慢掀起来。我屏气凝神，唯恐惊醒了她。我血脉贲张，额头冒汗，太阳穴嗡嗡作响，像是掀起一块大理石板。她确实是克拉丽蒙德，与我在教堂里举行圣礼时见到的一样。她还是那么迷人，死亡似乎更增添了她的妩媚。面颊苍白，双唇淡红，长长的睫毛低垂，犹如两条褐色的流苏，散发出凄然动人的贞洁，以及若有所思的忧伤，有股不可言喻的魅力。她的长发披散着，缀有蓝色的小花，发卷成了她的枕头，盖住她裸露的肩膀。优美的双手相互交叉，比圣体更纯洁、更透明。她安息着，仿佛在默默祈祷。她已死去，但是曲线曼妙，戴着珍珠手镯的双臂似象牙般光滑白皙，即使在死亡之中也魅力无穷、不可抗拒。

克拉丽蒙德的骸骨

塞拉皮翁的十字镐终于碰到了棺材，棺木发出沉闷的声响，是死亡带来的可怕声音。他掀开棺盖，于是我瞥见了大理石般苍白的克拉丽蒙德。她双手交叉，洁白的裹尸布从头到脚只有一条褶痕。没有血色的嘴角上有一块小红斑，宛如一朵玫瑰。塞拉皮翁见此情景，怒不可遏地叱道：“好啊！你在这儿，魔鬼，无耻的妓女，嗜血贪婪的东西！”骂着骂着，他就把圣水洒在尸体和棺材上，并且用圣水在棺木上画了个十字。可怜的克拉丽蒙德一碰到圣水，美丽的玉体顿时化为灰烬，只剩下一堆乱七八糟、没有烧透的骸骨。“这就是你的情妇，罗米亚尔，”冷酷无情的教士指着这堆骸骨对我说，“你还想和你的心上人到利多和菲西纳去散步吗？”我垂下了头，心中万念俱灰，回到住处去了。克拉丽蒙德的情夫罗米亚尔大人，也就与这个可怜的教士、长期以来如此奇特的伙伴分道扬镳了。

可是第二天夜里，我见到了克拉丽蒙德，就像第一次在教堂里遇见的情景一样，她对我说：“不幸的人啊！不幸的人啊！你干了些什么呀？为什么要听这个愚蠢的教士的话？你以前不是很幸福吗？我什么地方得罪了你，你要挖开我的坟墓，让我死后还不得安宁？从此以后，我们之间恩断义绝，毫无瓜葛。永别了！你会怀念我的。”她像一缕轻烟那样消失在空气里，后来我再也没有见过她。

泰奥菲尔·戈蒂耶
《多情的女尸》

《卡蜜拉》一书中的叙述者罗拉，是一位隐居在施蒂里亚的英国老军人的女儿。她与父亲收养的卡蜜拉之间建立了友谊。这位神秘新朋友暧昧的情欲世界使罗拉尴尬万分又无法自拔。

晦涩难懂的话

她以一种超乎年龄的固执，不向我解释任何问题。她向我诉说的只是一些模糊不清的事情。她叫卡蜜拉，住在西边，祖上是贵族。可是她既不说自己姓什么，也不谈她的贵族身份、产业的名称，甚至对自己过去生活在什么地方都闭口不谈。

她虽然言辞闪烁，但还是带着无比温柔、郁郁寡欢的神情，恳切地吐露对我的信赖和爱慕，那模样实在令人怜爱。她还不时向我保证，有朝一日，她会把全部实情都告诉我，所以当时我并不抱怨她。

她用粉嫩的臂膀环抱我的脖子，我只得紧挨着她，她的脸紧贴着我的脸，用嘴唇轻轻地在我耳朵上磨蹭，喃喃地说道：

“亲爱的，不要以为我冷酷无情，我只是屈服于不可抗拒的规律，它给我力量，也使我软弱。如果你的心受了伤，我的心也会跟着一起流血。我因你热情的生命而活着，而你将因我活着而甜蜜地死去。事情就是如此，我无法改变它。今天我接近你，有一天你也会投向别人的怀抱，体验这种爱情苦果所带来的陶醉。

“不过此时此刻，请不要再打听我的任何情况，只要信任我，爱我就够了。”

说完这一大段话之后，她颤抖地把我抱得更紧，她的嘴唇温柔地把我的面颊亲吻得发烫。

罗拉的焦虑和噩梦

我在睡梦中开始感受到某些意象，起初是一种冰凉的寒战，仿佛在一条河里逆流游泳。接着是一些没完没了的梦，模糊得很，我想不起梦中的背景、情节和人物。这些梦只给我一种恐怖的感觉，使我久久地处于精疲力竭的状态，仿佛是精神上长期受到压抑而产生的症状。我唯一记得的梦境，是我待在一个阴暗的地方，与一些我看不见的人说话，印象最深的是听到一个女人的声音，她的声音不大，似乎是从很远的地方发出的，轻声细语却反而更加恐怖。

有时候，我觉得有一只手，轻轻地从我的面颊滑到脖子。别的时候则是热情的嘴唇在亲吻我，越是靠近胸脯，就越是吻得长久而热烈，但到胸前就停止了。我的心跳加速，呼吸急促得快要停止，眼看就要断气了。我的喉咙发出嘶哑的喘息，接着我感到脖子被勒住，最后在可怕的痉挛中失去了知觉。

三个星期以来，我都是处于这种无法解释的状态中。上个星期，我的身上已经出现征兆。我脸色苍白，瞳孔放大，眼圈发黑，长期的萎靡不振已变得十分明显。我的父亲十分担心，问我出了什么事情。可是我始终相信自己的身体很健康。

我的确并不感到痛苦，身体也没有什么不舒服，不像罹患了农民所说的那种发病三天后就会死亡的可怕疾病。算了，想必是我在胡思乱想，或者神经过敏。

卡蜜拉也抱怨做了一些令人不安的梦，不过毫无危险。危险的是，我一点儿也不知道自己的问题出在什么地方。似乎有一股看不见的力量，如同麻醉药般使我感官失灵、感觉麻木。

我现在要讲述一个梦，这个梦让我发现了一件怪事。

一天夜里，四周响起一个声音，既可怕又柔和，与我平时在黑暗里听惯的声音不同。它说道："你的母亲提醒你小心凶手。"此时我的房间忽然亮了起来，我看见卡蜜拉就站在我的床边，睡衣上还浸透了鲜血。

约瑟夫・谢里登・勒・法努
《卡蜜拉》
1872年

在《夜访吸血鬼》里，安娜・赖斯第一次让一个捕食者说话。故事的主人公路易，在这里讲述了他是如何被莱斯塔进行吸血鬼迷信的启蒙的。

启蒙

吸血鬼摆出了一副思考的姿态，右手的指头稍微托着下巴，食指似乎在轻轻地抚摸它。

结果是我在几分钟之内就变得衰弱了，以至于无法动弹。我惊慌失措，发现自己甚至不能勉强说话。莱斯塔当然一直扶着我，但他的胳臂像一根铁棍那样沉重。我如此敏锐地感到他的牙齿退出去了，而两个不比针孔更大的伤口却使我感到巨大无比，疼得要命。接着他向我的无力的头部俯下身来，在腾出右臂的同时咬着自己的手腕。鲜血喷到我的衬衫和上衣上，他眯缝着眼睛，用明亮的目光凝视着喷出的血流。我觉得他的观察没完没了，而光线的闪烁现在已经悬停在他的面孔后边，犹如一种显灵的背景。我相信我已经事先明白了他想做的事情，于是我无力地等着，等着，似乎多年来我就只是等着一样。最后，他把血淋淋的手腕按在我的嘴上，用一种坚定的而且有点儿不耐烦的声音说道："喝吧，路易。"

于是我喝了若干次，他喃喃地对我说"喝呀，路易。"或者"快点儿，路易。"我喝着，从他划开的孔里吸血，有生以来第一次感受到了痛饮养料的乐趣，身心全都集中在这种唯一的生命之源上。然后某种事情发生了。

吸血鬼在扶手椅上坐得更深一些，脸上出现了一道轻微的皱纹。

"描绘不可描绘的东西是多么可悲啊！"他用几乎只是喃喃自语的声音说道。

安娜·赖斯
《夜访吸血鬼》
1990年

在北欧传说《暮光之城》的第一部小说《暮色》里，叙述者贝拉惶惑不安，因为人家说她所爱的小伙子爱德华·卡伦是一个吸血鬼。

怀疑和苦恼

卡伦家族的人可能是吸血鬼吗？

无论如何，他们总是某种东西，是某种超越了可以想象的理性证明、正出现在我眼前的东西。无论是在雅各布的"冷静"的范围内，还是在我自己的超人理论中，爱德华·卡伦都不是……人。他不仅仅是人。

那么是这样的——也许吧。我暂时坚持这个答案。

接着就产生了第二个问题，最重要的问题。如果这一切是真实的，那我该怎么办呢？

爱德华是个吸血鬼？我确实很难提出这种假设，我应该如何行动？排除了涉及第三者的情况，我已经不大相信我自己了。我要谈话的第一个人就会要求监禁我。看来只有两种选择。一种是听从他的建议：明智地尽可能避开他。只要我能做到，就取消我们的一切计划，恢复对他一无所知的常态。在我们被迫分开的过程中，想象有一块不可逾越的厚玻璃把我们分隔开。

仅仅这种前景就使我感到突然而痛苦的绝望。拒绝痛苦，我立刻面对第二种可能性：不改变态度。总之，即使他是一个……可怕的人，迄今为止他都丝毫没有试图伤害过我。

斯特法妮·梅耶
《暮光之城》
2005年

诗歌里的吸血鬼

早在成为散文的题材之前，
从18世纪末开始，
吸血鬼，或者更确切地说，
以吸血鬼形象现身的
要人命的女人，
就已经启迪了无数诗人的灵感。

歌德的《科林斯的未婚妻》写于1797年，取材于弗莱贡·德·特拉勒的故事。结局是年轻的女僵尸向一夜情人吐露自己的真实身份。

年轻人起初一阵惊惧，
想用毯子盖住心爱的人，
那蒙着面纱的少女。
然而他立即挣扎躲开，
像精灵一般有力。
她高挑的身躯缓缓地从床上坐起。
“母亲，母亲！”
她喊道，声音阴郁沉重。
“难道您责备我过了如此美好的一夜？
要把我从热乎乎的被窝里拉出来？
叫醒我，是否要让我陷入绝望？
你是不是想把我早早地裹入尸衣，埋进坟里？
但是命运把我从泥土堆成的狭小坟墓里放出。教士们唱诗祝福都毫无意义。
水和盐都不能熄灭青春的热情。
哎！就连泥土也不会令爱情冷却。
这个青年和我订过婚，
那时，维纳斯神庙还巍然屹立。
母亲，您食言了！
让自己困在毫无价值的残酷愿望中，动弹不得。
因为没有一个上帝能让一个发誓不嫁女儿的母亲感到满意。
一股力量把我赶出坟墓，
寻找我失去的幸福。
为了再爱那离我远去的丈夫，
为了吸他胸膛里的血。
当他死去之后，
我会另觅对象，
这些年轻的情夫都将拜倒在我的石榴裙下。
英俊的青年，
你的日子已所剩无几，
你就要在这个地方气息奄奄地死去。
我把项链给了你，
我要带走你的发夹，
仔细看看它！
明天你的头发就会变灰，
只有到坟墓里才会重新变黑。
现在你听着，母亲，
我有最后一个请求，
堆起一大堆木柴，

挖开令我窒息的坟墓，
把情郎们丢入火中，
让他们安息。
当火花四射，
当骨灰烫手，
我们就向古老的众神飞去！”

沃尔夫冈·歌德
《科林斯的未婚妻》最后一节

1857年，波德莱尔出版《恶之花》，但他不得不删去了《吸血鬼女人的变形》，因为这首诗经过审查，被认为是一篇伤风败俗的淫逸之作。

像炭火上的一条蛇那样扭动，
在胸衣的铁丝上揉搓着她的乳房，
女人却用她的樱桃小口，
吐出了甜言蜜语：
“我有温润的嘴唇，
我也善于忘却一切，
在那床帏深处，
我舔干流在傲人双峰上的眼泪，
我天真的笑靥能让老者心荡神驰。
对那些看到我赤身裸体、
不戴面纱的人而言，
我就是月亮、太阳、天空和星辰。
亲爱的学者，
在情欲世界里，我长袖善舞，
当男人在我可怕的怀抱里窒息，
当我把胆怯而放荡、脆弱又坚实的胸脯任人啮咬，
就连天使也无能为力，
昏厥在床褥上，
为了我而被打入地狱。”
当她吸干了我的骨髓，
我软弱无力地回过头来，
想回报她一个深情的吻，却只看见一个黏稠的羊皮袋，臭气熏天！
我吓得浑身发冷，闭上双眼，
等天光大亮时重新睁开，
身边不再是吸足了血的高大人形，
而是一堆散乱的骸骨。
骸骨发出风标的声音，
像铁杆顶上的一面旗帜，
在冬夜里随风飘拂。

夏尔·波德莱尔
《恶之花》中被判决删除的诗作

吸血鬼，从文学到电影

吸血鬼的题材影响了世界上几百部
质量良莠不齐的影片，
大部分是根据著名的
文学作品改编的，
不过这往往只是一个借口。

电影是否曲解了原著?

幻想文学属于引发联想、不曾发生和不确定的事物的范畴，读者可以对作品任意解释。然而电影是一门视觉艺术，观众可以直接用感官去接受影像信息，没有片刻迟疑或犹豫。所以幻想电影是否可行仍然是个未知数。换句话说，真的能在不曲解原著精神的情况下，把一部幻想文学作品搬上银幕吗?

对文学作品的参照往往只是一个借口。与片头字幕所说的相反，德莱耶的《吸血鬼》，伊里埃的《德古拉的女儿》，与它们参照的原著《卡蜜拉》和《德古拉的客人》毫无共同之处。电影艺术家经常任意改动原著中的人物和情节。勒·法努笔下的卡蜜拉头发乌黑，银幕上却一直由金发女演员扮演。除了杰西·弗朗科的《德古拉之夜》以外，德古拉极少符合小说所描写的模样，而是不苟言笑、头发蓬乱、唇髭又长又白的老人。《诺斯费拉图》的新旧版本里，施雷克和金斯基都是秃头，脸上无须，耳朵和门牙也长得过分，与小说的描写大相径庭。贝拉·卢戈西所演的吸血鬼，黑头套贴在头上，克里斯托弗·李（最接近原著的人物）有巨大的犬牙，而弗兰克·兰格拉则是一个毫不吓人，反而很迷人的青年。

原著的情节不知为什么经常被篡改，角色的身份颠倒过来：在托德·布朗宁的《德古拉》里，伦费埃尔德代替了哈克，而在两部《诺斯费拉图》里，他又成了哈克的雇员。在《德古拉的噩梦》和赫佐格的《诺斯费拉图》里，哈克变成了吸血鬼。最后，在约翰·巴德姆的《德古拉》里，德古拉反而刺穿了范·赫尔辛的心脏。如此自由的改编不但改变了结局，甚至使整个故事的意义都完全不同了。

只要尊重文学作品的精神，无论改编成多少部影片都无所谓。但是，在赫佐格的《诺斯费拉图》的结局中，获胜的一方却是吸血鬼，因为变成了吸血鬼的哈克接着在周围制造死亡。相反，在托尼·斯科特的《千年血后》里，女吸血鬼米丽娅姆被受害者打败，但在影片据以改编的斯特里贝的小说中，米丽娅姆却是永远不可摧毁的。

尽管如此，还是可以说吸血鬼影响了一些堪称杰作的影片。穆瑙的《吸血鬼诺斯费拉图》里的形象令人赞赏，德莱耶的《吸血鬼》取景奇特，气氛营造得如梦如幻。托德·布朗宁的《德古拉》里蜘蛛网般的哥特式布景，很容易使人忘却导演对原著的曲解。何况如果说今天的“幻想”电影往往运用暴力、恐怖、性虐待和色情的画面来试图刺激观众，那么也有幸运的例外，特别是在表现吸血鬼迷信的方面。例如弗纳·赫佐格的《诺斯费拉图》，约翰·巴德姆的《德古拉》和托尼·斯科特的《千年血后》，其中不乏既异乎寻常又富有诗意的优美镜头。

在表现多于联想的范围内，与影响电影的作品相比，一部影片的效果有限，尤其当原著是幻想作品时更是如此。不过电影也可能赋予原著所没有的美感，从而使它更加丰富。

让·马里尼
《艺术与幻想》一文摘要

靠着美国人斯蒂法妮·梅耶的北欧传说《暮光之城》，今天吸血鬼又在文学和电影中流行起来。

北欧传说《暮光之城》

爱德华·卡伦以他白皙的皮肤、金色的头发，以及他那从琥珀色变为深黑色的深邃目光，得以成为这部影片的迷人男主角。冷漠、神秘，他的美是不真实的，实际上他是一个吸血鬼。他不遵循家族里关于选择一种“素食”，也就是以动物的血为主要食物的生活方式。他离开了他们，决定只喝那些该死的人的血。他由此承担了一种几乎是天使般的功能，保护好人和惩罚恶人。然而这个阶段太短了，爱德华不久就回到了他的家族里，接受了他们的生活习惯。因为他不需要睡觉，所以不费力气就获得了两个医学博士学位。他弹奏乐曲，写交响乐，收集了大量的音乐唱片，绝佳地继承了主人公既俊美又邪恶的传统。他酷爱赛车，驾驶镀银色的沃尔沃或阿斯顿·马丁。当他爱上富有人情味儿的伊莎贝拉·斯旺的时候，小说的叙述者“我”，尽管用十来年的磨合锻炼成了自我克制的习惯，但是他的吸血鬼的本能与他的感情产生了冲突……

北欧传说《暮光之城》虽然更多地面向青年观众，但是也出乎意料地受到成年观众极其热烈的追捧，这一成就部分地来自于同名影片在2008年的上映，使全世界的电影院里都坐满了观众。禁忌之爱拥有不可抗拒的魅力……

西莫内塔·桑塔玛利亚
《从<德古拉>到<暮光之城>》
2009年

吸血鬼影片一览

1922 《吸血鬼诺斯费拉图》，导演弗里德里希·威廉·穆瑙（德国），主演马克斯·施雷克，亚历山大·格拉纳赫，古斯塔夫·冯·瓦根海姆和格蕾塔·施罗德。

1931 《吸血狂魔》，导演托德·布朗宁（美国），主演贝拉·卢戈西，海伦·钱德勒，德怀特·弗赖伊和爱德华·冯·斯隆。

1932 《吸血鬼》（又名《大卫·格雷的奇遇》），法、德合作，导演卡尔·特奥多尔·特莱耶，主演朱利安·韦斯特和亨利埃特·热拉尔。

1935 《吸血鬼的标志》，导演托德·布朗宁（美国），主演贝拉·卢戈西，卡罗尔·博兰和莱昂内尔·巴里莫尔。

1936 《德古拉的女儿》，导演兰伯特·希里尔（美国），主演格洛丽亚·霍尔顿和爱德华·冯·斯隆。

1958 《德古拉的噩梦》，导演特伦斯·费雪（英国），主演克里斯托弗·李，彼得·库欣，卡罗尔·马什和迈克尔·高夫。

1960 《德古拉的情妇们》，导演特伦斯·费雪（英国），主演大卫·皮尔，彼得·库欣和伊冯娜·蒙劳。

《死于温柔乡》，导演罗杰·瓦蒂姆（法国），主演安奈特·斯特罗伯格，艾尔莎·马蒂内里和梅尔·费勒。

《魔鬼的面具》，导演马里奥·巴瓦（意大利），主演巴巴拉·斯蒂尔，约翰·理查德森和伊沃·加拉尼。

1965 《魔王德古拉》，导演特伦斯·费雪（英国），主演克里斯托弗·李，安德鲁·基尔和芭芭拉·谢莉。

1967 《吸血鬼的舞会》，英、美合作，导演罗曼·波兰斯基，主演罗曼·波兰斯基，沙伦·泰特和杰克·麦高伦。

1970 《德古拉之夜》，德、意、西合作。导演杰西·弗朗科，主演克里斯托弗·李，赫伯特·洛姆和克劳斯·金斯基。

《德古拉伯爵夫人》，导演彼得·萨斯迪（英国），主演英格里德·皮特，奈杰尔·格林和桑多尔·埃莱斯。

《德古拉的未婚妻》，导演丹·珂蒂兹（美国），乔纳森·弗里德，主演格雷森·霍尔和凯瑟琳·利·斯科特。

1971 《红唇》，比、德、法合作。导演哈里·库梅尔，主演德尔菲娜·塞里格，达尔埃尔·基梅和冯斯·罗德麦克斯。

1974 《吸血的德古拉》，意、法合作。导演保尔·莫里塞和安东尼·道森，主演乌多·吉尔，维多里奥·德·西卡和罗曼·波兰斯基。

1976 《德古拉，父与子》，导演爱德华·莫里纳罗（法国），主演克里斯托弗·李，贝尔纳·梅内和玛丽–埃莱娜·布雷亚。

1979 《月黑风高》，导演约翰·巴达姆（美国），主演弗兰克·兰格拉，劳伦斯·奥利维埃和唐纳·普利森斯。

《这些夫人的吸血鬼》，导演斯坦·德拉戈蒂（美国），主演乔治·汉密尔顿，苏珊·圣·詹姆斯和理查德·本杰明。

《诺斯费拉图》，德、法合作。导演沃纳·赫佐格，主演克劳斯·金斯基，伊莎贝拉·阿佳妮和布鲁诺·甘茨。

1983 《千年血后》，导演托尼·斯科特（美国），主演凯瑟琳·丹妮芙，大卫·鲍威和苏珊·萨兰顿。

1987 《恶夜之吻》，导演凯瑟琳·比奇洛（美国），主演珍妮·赖特，兰斯·亨里克森和阿德里安·帕斯达尔。

1987 《粗野少年族》，导演乔尔·舒马赫（美国），主演贾森·帕特里克，科里·海姆和基弗·萨瑟兰。

1992 《吸血鬼在天堂》，导演阿布代尔克里姆·巴卢尔（法国），主演法里·肖佩尔，布鲁诺·克里默和布里吉特·弗塞。

《吸血僵尸惊情四百年》，导演弗朗西斯·福特·科波拉（美国），主演加里·奥德曼，薇诺娜·赖德，安东尼·霍普金斯和基努·李维斯。

《无辜之血》，导演约翰·兰迪斯（美国），主演安娜·帕里奥和罗伯特·洛吉亚。

1994 《夜访吸血鬼》，导演尼尔·乔丹（美国），主演布拉德·皮特，汤姆·克鲁斯，柯里斯滕·邓斯特和基努·李维斯。

1995 《嗜血成瘾》，导演埃布尔·费拉拉（美国），主演克里斯托弗·沃肯，莉莉·泰勒和保罗·考尔德伦。

1995 《吸血鬼也疯狂》，导演梅尔·布鲁克（美国），主演莱斯利·尼尔森，梅尔·布鲁克和斯蒂芬·韦伯。

1996 《杀出个黎明》，导演罗伯特·罗德里格兹（美国），主演乔治·克鲁尼，昆汀·塔伦蒂诺，哈维·凯特尔和萨尔玛·海耶克。

1998 《吸血情圣》，导演梁普智（英国），主演祖德·劳和艾莉娜·洛温索恩。

2000 《吸血鬼2000》，导演帕特里克·卢西尔（美国），主演杰勒德·巴特勒，科琳·菲茨帕特里克和克里斯托弗·普卢默。

《爱你爱到咬死你》，导演安托万·德·科纳（法国），主演纪尧姆·卡内，阿西亚·阿尔让托和热拉尔·朗万。

《吸血鬼魅影》，导演伊利亚斯·梅里格（美国），主演威廉·达福，约翰·马尔科维奇，乌多·奇尔和凯瑟琳·麦科马克。

2002 《德古拉，处女日记的摘抄》，导演盖伊·马丁（加拿大），主演张卫强。

《吸血鬼女王》，导演迈克尔·赖默（美国），主演阿利亚赫，保罗·麦加恩和文森特·佩雷斯。

2003 《黑夜传说》，导演朗·怀斯曼（美国），主演凯特·贝金赛尔，斯科特·斯彼德曼和比尔·奈伊。

2004 《范海辛》，导演斯蒂芬·索莫斯（美国），主演休·杰克曼，凯特·贝金赛尔和理查德·洛克斯伯格。

2005 《夜巡者》，导演蒂穆尔·贝克马姆贝托夫（俄罗斯）。

2007 《我是传奇》，导演弗朗西斯·劳伦斯（美国），主演威尔·史密斯。

《厄夜三十》，导演大卫·斯雷德（美国），主演梅丽莎·乔治和乔什·哈奈特。

2008 《生人勿进》，导演托马斯·阿尔弗莱德森（瑞典），主演莉娜·莱纳德尔森，凯尔·赫德布朗特和亨里克·达赫尔。

《暮光之城》1:《暮色》，导演凯瑟琳·哈德威克（美国），主演克里斯汀·斯图尔特和罗伯特·帕丁森。

2009 《蝙蝠》，导演朴赞郁（韩国），主演宋康昊，金玉彬。

《暮光之城》2:《新月》，导演克里斯·韦茨和大卫·斯莱德（美国），主演克里斯汀·斯图尔特和罗伯特·帕丁森。

图片目录与出处

封面

克劳斯·金斯基在沃纳·赫佐格的影片《诺斯费拉图》(1979)里。

书脊

《德古拉伯爵》，科洛尼克为《鲍斯佐尔卡尼》杂志所绘的插图。布达佩斯，1990年。

封底

特·费雪的影片《德古拉的噩梦》的广告，1958年。

扉页

1 马克斯·施雷克在穆瑙的《诺斯费拉图》(1922)里。

2 克里斯托弗·李在费雪的影片《魔王德古拉》(1965)里。

3 费雪的影片《魔王德古拉》(1965)里具有异国情调的场面。

4 萨蒂·弗罗斯特在科波拉的《吸血僵尸惊情四百年》(1992)里。

5 加里·奥德曼在科波拉的《吸血僵尸惊情四百年》(1992)里。

6 克里斯托弗·李在费雪的影片《德古拉的噩梦》(1958)里。

7 影片《暮色》的广告。《暮光之城》，主演罗伯特·帕丁森，导演凯瑟琳·哈德威克。

8 贝拉·卢戈西和海伦·钱德勒在布朗宁的《吸血狂魔》(1931)里。

9 汤姆·克鲁斯和尼科尔·杜波伊斯·法弗在尼尔·乔丹的《夜访吸血鬼》(1994)里。

11 蝙蝠，木刻画，布雷姆的《哺乳动物》。

第一章

12 祭神。印度细密画，18世纪。巴黎国立图书馆。

13 印度洋尼可巴群岛上放在屋前避邪的木雕，伦敦霍尼曼博物馆。

14 《在格拉纳达的摩尔王时代，不经审判就将人处死》，亨·雷诺尔特绘，1870年。巴黎奥赛博物馆。

15 上 阿兹特克人用人做祭品。细密画，狄埃戈·达伦的手稿，1579年。

15 下 女巫美狄亚恢复伊阿宋的青春。版画，16世纪。巴黎装饰艺术博物馆。

16 拉弥亚。石刻，希腊艺术，公元前400年。伦敦大英博物馆。

16—17 李卡翁被朱庇特变成狼。版画。巴黎国立图书馆。

17 下 美人鱼。希腊陶罐，斯塔诺斯作，约公元前400年。伦敦大英博物馆。

18 《亚伯拉罕献祭以撒》，洛朗·德·拉海尔绘，17世纪。兰斯美术博物馆。

19 古波斯保护新生儿免受女魔利利特伤害的护身符。耶路撒冷，沃尔夫松博物馆。

20 十字架上的耶稣。木版画，19世纪教堂内的还愿牌。慕尼黑，拜恩国立博物馆。

21 上 《亵渎圣体》，壁画，保罗·乌切罗绘。1467—1469年，乌尔比诺，公爵宫，前进国立画廊。

21 下 《耶稣受难像》，木刻，15和16世纪。慕尼黑，拜恩国立博物馆。

22 尸体的复活。细密画。载Vysehrard 的福音书，约1085年。布拉格，国立大学图书馆。

22—23 《末日审判》(细部)。西诺雷利绘，15世纪。奥维多，Madone San Brizio大教堂。

23 上 《末日审判》(细部)：魔鬼（细

第二章

第三章

国立图书馆。
52—53　威尔士地区的墓地。Grandsire绘，1867年。巴黎，装饰艺术图书馆。
53 上　圣事。F.Van Aken 绘，18世纪末，私人藏品。
54 左　《吸血鬼》。插图，罗马尼亚故事《士兵艾恩》（*Ion le soldat*），1935年。
54 右　《吸血鬼》。彩色石版画。布丰的《自然史》（*Histoire naturelle*），1760年。巴黎国立自然史博物馆。
54—55　蝙蝠。石版画，19世纪。
55　卖大蒜的小贩。石版画，1882年。
56 左上　《吸血鬼》。石版画，C.J.Brodtmann绘，1827年。私人藏品。
56 右上，56中，56左下　钳子、木槌、尖木桩。插图，狄德罗和达朗贝尔主编的《百科全书》（*l'Encyclopédie*），18世纪。
56 右下　耶稣受难像。版画，18世纪。巴黎，装饰艺术图书馆。
57 左　《吸血鬼的末日》。石版画，R.de Moraine绘，19世纪。
57 右　大蒜的花和蒜瓣。用羽毛笔蘸颜料彩绘，Kerner作，1788年。
58　敬神时玩骰子的学徒们。版画，吉约绘，18世纪。巴黎，装饰艺术博物馆。
59　罗马尼亚用木头雕刻的十字架。石版画，19世纪。巴黎国立图书馆。
60　《轻信、迷信和狂热》。版画，H.Hogarth绘，1762年。巴黎国立图书馆。
61 上，61 下　同上（细部）。
62　戈雅的《奇思异想》（*Les Caprices*），模仿水彩画的蚀刻，1798年。巴黎国立图书馆。
63　《理性沉睡，妖魔横行》。版画，戈雅绘，载《奇思异想》，1798年。巴黎国立图书馆。

第四章

64　《噩梦》，约·海·菲斯利绘，1782年。法兰克福博物馆。
65　布拉姆·史托克的小说《德古拉》的封面。P.Falke绘，1920年。
66　《一个矿工》。石版画，G.Walker绘，1814年。
66—67　《科尔布鲁克达勒铁矿区》。彩色石版画，19世纪初。
68　《对手》，J.Tissot绘。
68—69　罗伯逊放映幻灯片。石版画，载《绘画杂志》（*Le Magasin pittoresque*），1845年。
70　毕尔格的《莱诺勒》。Beauclerc绘，1796年。巴黎国立图书馆。
70—71　《最后的罪恶》。费·罗普绘，巴黎国立图书馆。
71 上　波里道利肖像。Grainsfort绘，19世纪。伦敦，国立肖像美术馆。
71 下　拜伦的《吸血鬼》（*The Vampire*）的扉页。1819年。巴黎国立图书馆。
72—75　泰·戈蒂耶的《多情的女尸》（*La Morte amoureuse*）扉页。石版画，劳伦斯绘。巴黎国立图书馆。
76　《诺迪耶故事集》（*Les Contes*）插图。版画，若阿诺绘，1846年。巴黎国立图书馆。
77 上　《吸血鬼》。Jamet为大仲马剧本绘制的石版画，19世纪。巴黎，卡纳瓦莱博物馆。
77 下　圣马丁剧院的《吸血鬼》海报，1820年6月13日。
78　詹·马·李默的《吸血鬼瓦尔内》（*Varney the Vampire, Feast of Blood*）的插图。石版画。让·马里尼的档案资料。
79　勒·法努的《卡蜜拉》插图。石版画。让·马里尼的档案资料。
80　《哈尔比亚》，爱·孟克绘，19世纪末。奥斯陆，孟克博物馆。
81 上　《吸血鬼》。石版画，爱·孟克绘，1895年。
81 左下　《吸血鬼的吻》。博·比埃加绘，1916年。巴黎，波兰图书馆。
81 右下　《变成毒蛇的吸血鬼》。博·比埃加绘，1914年。巴黎，波兰历史和文学协会。
82 左上　艾尔文在1876年。载史托克的《回忆亨利·艾尔文》（*Personal Reminiscences*

of John Irwing）一书。巴黎国立图书馆。

82 右上 1906年的史托克。同上。

82 下 《德古拉，神秘的钢琴曲》。载E.Nilssen的乐谱，1927年。

83 仅在伦敦的莱森剧院上演过一次的《德古拉》的节目单，1897年。让·马里尼的档案资料。

84—87 托德·布朗宁的《德古拉》剧照，1931年。

86 德古拉袭击一位少妇。绘画。

86—87 （背景）。蜘蛛网，照片。

88 史托克的书《德古拉》的广告。让·马里尼的档案资料。

89 《女吸血鬼》。根据马·卡恩的一幅画刻制的版画。约1895年。巴黎，装饰艺术博物馆。

90 穆瑙的影片《吸血鬼诺斯费拉图》的剧照，1922年。

91 上 布朗宁的影片《德古拉》的海报，1931年。

91 下 布朗宁的影片《德古拉》中贝拉·卢戈西的剧照，1931年。

92 上 费雪的影片《德古拉的噩梦》的广告，1958年。

92 下 弗兰克·兰格拉在巴达姆的影片《德古拉》中，1979年。

93 加里·奥德曼和薇诺娜·赖德在科波拉的影片《吸血僵尸惊情四百年》中，1992年。

94 左 罗伯特·帕丁森与克里斯汀·斯图尔特在凯瑟琳·哈德威克的《暮光之城》中，2008年。

94 右 梅耶的《新月》（《暮光之城》的第2部）的封面。青年阿歇特出版，2009年。

95 艾伦·鲍尔的系列电视片《真爱如血》的广告，2008–2010年。

96 《德古拉伯爵》，科洛尼克为《鲍斯佐尔卡尼》杂志所绘的插图。布达佩斯，1990年。

见证与文献

97 威·萨蒂为莱奥纳德·沃尔夫主持的《注释版德古拉》（*The Annotated Dracula*）所绘的插图。纽约，克拉克森·波特出版社，1975年。

99 特兰西瓦尼亚地图，版画，1553年。

109 W.Satty为莱奥纳德·沃尔夫主持的《注释版德古拉》（*The Annotated Dracula*）所绘的插图。纽约，克拉克森·波特出版社，1975年。

117 《吸血鬼》。菲利普·伯恩-琼斯的绘画，1897年。

索引

A

B

C

D

E

F

L

M

N

P

Q

R-S

T-W

X

Y-Z

吉林省版权局著作权合同登记
图字 07-2014-4419

图书在版编目（CIP）数据

吸血鬼 ：暗夜精灵的苏醒 / （法）马里尼著 ；吴岳添译. — 长春 ：吉林出版集团股份有限公司，2018.1
（发现之旅）
ISBN 978-7-5534-9473-9

Ⅰ. ①吸… Ⅱ. ①马… ②吴… Ⅲ. ①鬼—文化—西方国家—通俗读物 Ⅳ. ①B933-49

中国版本图书馆CIP数据核字（2015）第282794号

发现之旅

XIXUEGUI ANYE JINGLING DE SUXING
吸血鬼：暗夜精灵的苏醒

著　　者：［法］让·马里尼　　译　　者：吴岳添
出版策划：刘　刚　孙　昶
项目执行：孙　昶
项目统筹：孔庆梅
责任编辑：邓晓溪　　责任校对：刘晓敏　于媛媛
出　　版：吉林出版集团股份有限公司
（长春市人民大街4646号，邮政编码：130021）
发　　行：吉林出版集团译文图书经营有限公司
（http://shop34896900.taobao.com）
电　　话：总编办：0431-85656961　营销部：0431-85671728/85671730
印　　刷：吉林省恒盛印刷有限公司
开　　本：880mm×1230mm　1/32
印　　张：4.125
字　　数：140千字
图 幅 数：120
版　　次：2018年1月第1版
印　　次：2018年10月第2次印刷
书　　号：ISBN 978-7-5534-9473-9
定　　价：35.00元

印装错误请与承印厂联系　电话：0431-84727696